学生食堂ワンダフルワールド

増田 薫

KAORU MASUDA

GAKUSEI SHOKUDOU WONDERFUL WORLD

1

目次

contents

本作に掲載されているエピソードは、
2022年11月～2023年4月までの間に取材・執筆を行いました。
本編中の情報は特に注釈がない限り執筆当時のものです。
また、各大学の学食情報は2023年11月現在のものです。

「自分」として登場するキャラクターのデザインはこれの予定だったのですが
もう少し人間にしてほしい
うーん
編
という要望が当時の編集長からあった
それで考えてできたのがこちら
仮称・学食まなぶくん
イエーイ
誰も気付かないけど学食の「学」なんですよ
あっほんとだ
髪型とか

多摩美術大学
「イイオ食堂」
「東学食堂」

Tama Art University

手作り？冷凍？
安くておいしい学生食堂の秘密

終戦後　食料が満足に
手に入らなかった頃
学校は勉強どころでは
なかった
そこで現東京大学にて
学生たちが集まり
まずごはんを炊くための
釜を作ったことが
現在の大学生協による
学生食堂の原型になったという

ごはんを食べて
生きていかないと
勉強はできない
学ぶことはすなわち
食べることであり
学びの場には食べる場所が
必要不可欠なのであった

某日
JAF Mate 編集担当 保科さん
JAF Mate 編集担当 辻さん
増田さんに学食のマンガを描いていただきたいと思ってまして
ズー
ほう
いますごいんですよ学食って お寿司があったり コース料理があったり…
え〜〜こんなことになってるんですか
資料
何かありますか? 学食の思い出とか
正直あんまりないですね…
21歳
美術大学に通っていたわたしは仕送りとアルバイトの給料から生活費や制作に必要な諸々を捻出していたが
制作をすると画材がなくなる
← 画材を買うためにアルバイトをすると制作の時間がなくなる
← アルバイトを減らして制作するとお金がなくなる
という美大の学生にありがちなサイクルで常にお金がなかった
45kg

100円でいっぱい入ってるチョコビスケットをいつも食べてました
かわいそう
えー
あ　でも3年の頃先生を選んでその人に教えてもらうっていう授業があって
ゼミ的なやつですね
スージー甘金さんっていうイラストレーターの人が先生だったんですけど
スージー甘金
塗コミックの元祖
あんまり受講する人がいなくて最終的におれとスージーさんだけの授業になっちゃって
ガラー
先生　これ見てもらっていいですか
先生？
先生寝てます？
寝てない寝てない
あーもう昼か
キーンコーン
増田くんメシ行こうよ

いや 金ないんで…
ビスケット食います
いいよ おごるから 学食行こうよ
えっ いいんですか
何食べる?
じゃあ ロースカツ定食を…
（メニュー最高額）
大盛りいいですか?
いいよ 食べな食べな
そんなかんじで いつも学食で ロースカツ定食を おごってもらってましたね
ロースカツ定食 460円（当時）
いい話じゃないですか
やさしー
本当に なんの変哲もない とんかつ でしたけどね
でも値段のわりに 結構立派な とんかつだった 気がする
また 食べたいな～

多摩美術大学は1935年に
創立された美術大学
上野毛と八王子にキャンパスがある

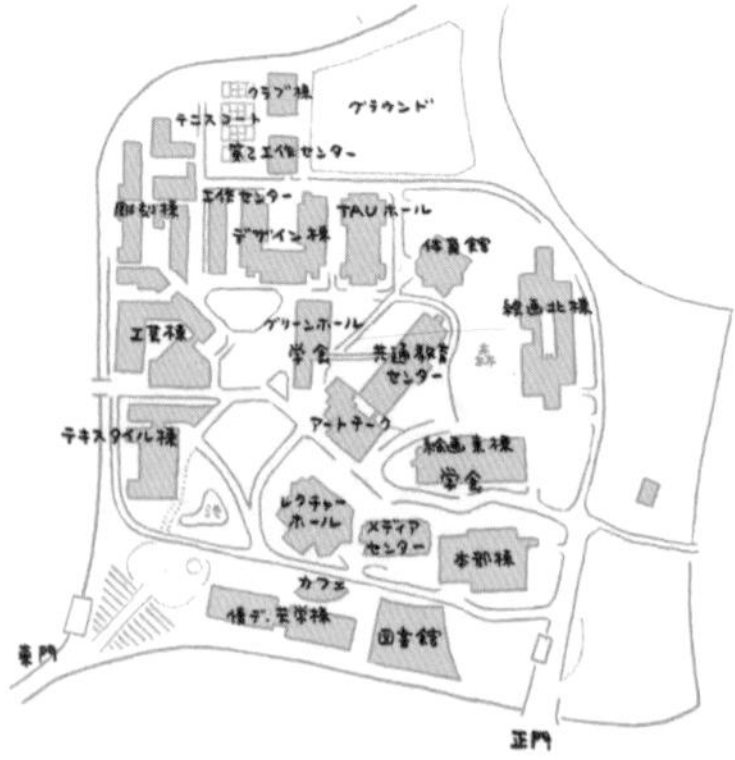

現在は住宅地になっているが
1971年に八王子キャンパスが
新設された当時はちょっとした
山奥みたいな場所だったという

1971年
それで近所で割烹をしていたイイオさんに当時の職員がお願いして学生用の食堂を開いてもらったそうです
1994年
それから校舎も学生の数も増えたので食堂が新設されて
現在はイイオさんと東京学校用品さんに食堂をお願いしています
多摩美術大学学生食堂のあゆみ
1971年 イイオ食堂開店
1981年 現絵画東棟に食堂が開店（東学ではない）
1994年 絵画東棟の食堂の業者が東京学校用品に入れ替え
1999年 グリーンホール竣工
東学がグリーンホールに移転し　イイオが絵画東棟に移転し現在に至る
そう　多摩美術大学八王子キャンパスには2つの食堂があり学生たちは「イイオ食堂」派と「東学食堂」派になんとなく分かれ　東学にたまってる学生はイイオ派からなんとなくいけ好かねえとか言われてたりするのです
イイオ食堂…個人経営ならではの独特なメニューが豊富　絵画棟に近いのでファイン系※学科の学生が多い
イイオ食堂
※ファイン系
ファイン→ファインアートの略　油絵・日本画・版画・彫刻など「純粋芸術」全般のこと
東学食堂…建物自体が新しく広くて明るくてきれい　デザイン棟に近いのでデザイン系学科の学生が多い
それから今はまたちょっと増えていまして

焼きたてのパンが
食べられるカフェと
SOUP
coffee
上野毛では
以前からあった
キッチンカーが
八王子キャンパス
にも日替わりで
来ています
今日は
アジア料理の
お店が
きてますね
そんなに
充実してるん
ですか????
これは助っ人を
呼んでおいて
よかったぜ
かおる先生~
学生連れてきて
ということだったんで
何人か声かけました
ありがとう
まこっちゃん
わたしは児童向けの造形教室でたまに
働いているのですが　元同僚が
多摩美で助手をしているので
せっかくだからいろいろ食べてみるべく
学生を集めてもらっていたのでした
よろしく
おねがい
します
はーーい

わ〜〜〜
マジで学校に
キッチンカー
ある
ローストビーフの
ときもありますよ
Yeti Asian Dining
えっ すごい
ステーキある
ステーキ
いっちゃいなよ
経費だし
いい いい
おれが払うから
お食べよ肉を…
いやいやいや
じゃあ
ゴチです
チキン
カレーライス
10食限定
ヒマラヤ岩塩
ステーキ
すげえ
うまそ〜〜〜
これ学校で
食べられるの
やばすぎるな

ほかのみんなは なに注文したかな
イイオ食堂
こっちで〜す
あ いたいた
うわ
イイオのラーメンは野菜メインのダシでうまい
讃岐うどん ¥350
いろいろ あった ほうがいい ですよね？
まあ そうだけど
パイタンラーメン ¥440
すげえいっぱい 頼んだね〜
カレーライス ¥390
¥420
そばとうどんが入っているイイオメンツー ¥350
Cディッシュ 甘エビクリーム &ハンバーグ ¥330

あとこれ　今ぜんぶ半額なんで…
【例（5円以下は切り捨て）】
讃岐うどん　¥350→¥170
Cディッシュ　¥330→¥160
合計…¥330
ラーメンとかに定食のおかずを付けることも可能なんですよ
すごいな…
※現在は通常価格での提供
2021年　新型コロナウイルスの影響で保護者の家計が急変したり
特にアルバイトを主としていた学生たちの収入は激減
しかし作品制作にはどうしてもお金がかかるので無理な仕事をしたり食費を削る学生も多かったことだろう
ポリポリ
身に覚えがある
学生の健康と学びの継続を守るため多摩美大は大学側が減額分を負担する形でキッチンカーの食事は2割引き食堂の食事は半額で食べられるようにしたのである
HAPPY
ちゃんとごはんを食べて頑張ってほしいですしおいしいものを食べることは心の健康にもつながることですから…

あ〜メンツー
なつかしいな
マジでそばとうどんを同時に食べた味
ステーキやばいっすひとつ食べますか
増田さん
わ〜食べる食べる
ううますぎる
こんなうめーもん学校で食えんのか
パン屋ってよく利用する?
パンは女の子が食べること多い気しますね
食べる食べる
土曜の一限をサボると焼きたてのメロンパンが食べられるんですよ
イェーイ
ワハハ

ワーーーー
キャーー
いいなあ
コロナの影響で思ったような大学生活じゃないかもしれないけどみんな毎日のごはんとか生活のなかに楽しさを見つけていてえらいよな…
そういえば今日は東学のロースカツ定食を目当てに来たんだよね
いちおう
あ〜
そういえばとんかつ食堂が半額になってから見てないっすね
え？
真相を確かめに東学食堂へ
240円
ロースカツ定食
[redacted] × 240円
Aカレー
東学食堂
しーん
ほんとだ ない
めちゃくちゃ人気ってこと？？？？
※現在は通常価格（500円）での提供

いや… 実は原価を下げるために注文受けてパン粉とか付けるとこからやってるんです
昼はまとめて揚げたりしてましたけどね
わりばし
人がたくさん来ると回らなくなるので半額にしている間は作ってないですね
!!!?
東学食堂 チーフさん
どうりで値段のわりに立派だなと思ってたら…
そうですね 工数がかかる分値段が上がります
これを「加工度」と言います
ていうか冷凍のほうが高いんですか?
パン
小麦
それぞれは 加工度低
肉を切って小麦粉 卵パン粉とかつける
加工度高
加工度が高いものは使いやすい反面原価が上がる
原価は高いけど…
すぐにできるし だれでも作れる
加工度が低いと原価は抑えられるが人件費や技術の問題が出てくる
ジュ
めちゃくちゃ大変!!!
"原価"は安い
食材の加工度は学生食堂の運営に大きく影響を与えるのである

…ということを東学さんはしているそうなんですが
何か食堂の運営で工夫されてることありますか？
そうですね うちは冷凍のものを仕入れて使うこともありますけど そのぶん原価が上がるので…
イイオ食堂
2代目イイオさん
イイオ
たとえば掃除なんかは自分でやってたりしますね
あっ
そういえば先代のイイオさんもいつも残って掃除してた
あれは人件費を節約してたのか
あとうちの後に東学さんができたんですけど
ジャーン
1999年
グリーンホール竣工
みんなー
ワーイ
向こうのほうが新しくて広いしきれいなんで 学生さんはどうしてもあっちに行っちゃうじゃないですか

なのでメニューをおもしろそうなやつとかいろいろ考えたりしましたね
それでメンツーとかやたらメニューが豊富なんですか
おばけうどん
夏季限定
イイオメン
冷やし担々
夏季限定
すだちそば
角煮ラーメン
イイオは麺類がやたら豊富
エビフライ
ざるラーメン
みんな好きですよねイイオの季節限定メニュー
ほかにも最近では内装を授業の一環としてデザイン科（環境デザイン学科）の学生たちが手がけるなどしているそう
こういった試みができるのも個人経営の食堂ならではなのかもしれない
学校にいたときはフツーの学食だと思ってたけどいろんな工夫とか歴史があるんだな
ウーム
食堂ができた当時とは世の中も学生食堂の役割も変わりつつある

もしかすると同じ値段で食べるなら
コンビニの弁当とかファストフードの
ほうが手軽でおいしいという意見も
あるのかもしれないけど

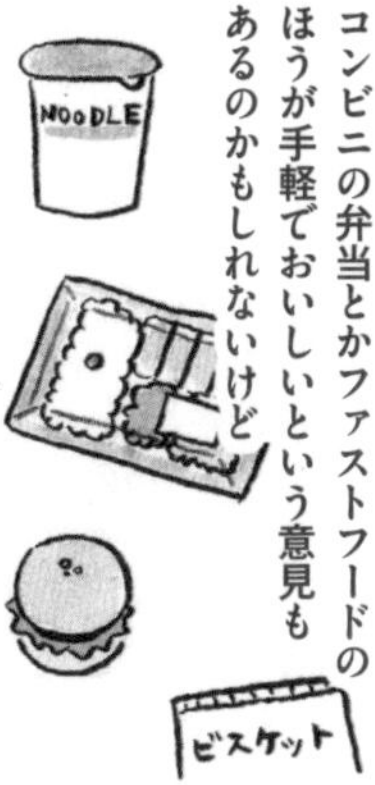
NOODLE
ビスケット

学生食堂…奥が深いのかもしれないぜ
健康を考えた献立や
学校にある意味など
一般的な食堂とは違う料理と空間が
学生食堂にはあるなと思いました

アッ
先食べてていいよー
了解です
みんなのごはん味見させてもらうの忘れてた
次回からは
ちゃんと食べるので
よろしくおねがいします
痛恨のミス!!!

八王子キャンパス開校から
学生たちを見守ってきた
先代イイオさんは数年前に引退

みんな「イイオさん」と思っている丹羽さん
イイオ
イイオ大好き

しかしイイオさんが
作りあげてきた食堂は
これからも未来の芸術家たちの
食事を支えていくことでしょう

多摩美術大学　八王子キャンパス

Tama Art University

東京都八王子市

私立 | 全国大学生協連 | 非加入

八王子キャンパス図書館

大学校章

1935年に東京都世田谷区上野毛に創設された多摩帝国美術学校を前身とする、日本を代表する美術大学。現在は上野毛のほかに八王子にもキャンパスがあり、個性豊かなクリエイターたちが日夜研鑽を重ねている。

八王子キャンパスの飲食店一覧

イイオ食堂（食堂）／東学食堂（食堂）／Boulangerie Tougaku（カフェ・パン）

PICK UP

イイオ食堂　IIO SHOKUDO

個性的な麺料理のバリエーションに定評があり、特に季節限定メニューは東学派の学生にもファンが多い。

店長さんの名前をみんなイイオさんと思っているけど実際は丹羽さん。

いろいろな学校向けに給食を作っていた飯尾給食センター（現在閉店）が名前の由来。

▲食堂のロゴは卒業生がデザインしている

東学食堂　TOUGAKU SHOKUDO

調布に本社を持つ「東京学校用品株式会社（東学）」が運営する食堂。カフェ（Boulangerie Tougaku）の運営もしている。上野毛キャンパスの食堂も同じ。カフェのパンは学校のオーブンで焼きたて、とんかつも衣を付けるところから手作りするこだわりようなのだが、一部からはなぜかイイオ＝個人店＝手作り、東学＝業者＝冷凍食品と思われていたりする。このような学食バイアスを払拭するのはかなり難しい。

慶應義塾大学 #02

「山食」

Keio University

慶應生の第二の家庭
伝統あるカレーと学食の歴史

1860年　幕府使節団の一人として
アメリカに渡った福澤諭吉は　サンフランシスコで
購入した中国人向けの辞典を元に
「増訂華英通語」という英和辞典を出版した
福澤は1858年に藩命を受け江戸に蘭学塾を
開塾していたが　渡米の経験から英学塾に転向し
その学校はのちに「慶應義塾」と改められた

この本に登場したものが
日本で最初に紹介された
「カレー」と言われている

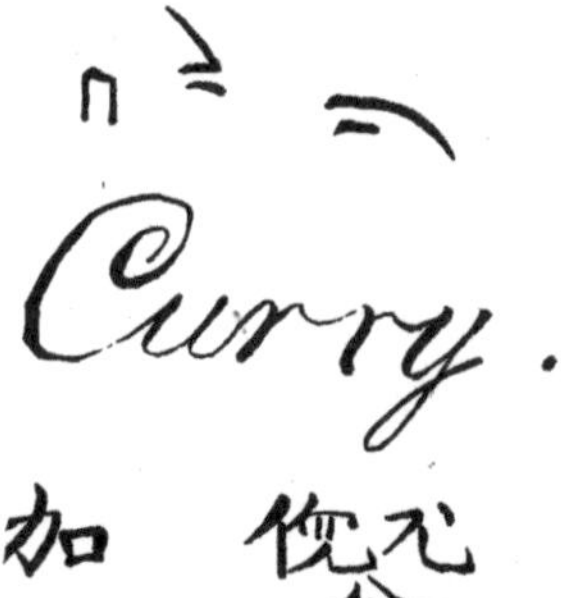

しかし　それと
慶應大学の学生食堂
「山食」のカレーは
特に関係がないそうです

それで慶應は

名物なんですか？
いやべつに
直接関係が
あるわけでは

増田さん「山食」の取材許可でました
編集 保科さん
編集 辻さん
ワー
なんと
2021年 新型コロナウイルスの影響で学生食堂の取材は困難を極めた
当然といえば当然なのですが感染対策でほとんどの大学が部外者の入構を制限していたのです
山食といえばクラウドファンディングがすごかったあれじゃないですか
そうです あれですよ
慶応義塾大学 三田キャンパス
「山食」は慶應義塾大学で創業85年になる学生食堂だが　2020年から授業がオンライン中心になったことで学校に来る学生が激減し経営が悪化
創業83年、慶應義塾大学の学生食堂『山食』を救ってください。
限定公開
yamasyoku_keio
フード・飲食店
そこで山食の三代目代表谷村忠雄さんは　周囲の後押しを受けクラウドファンディングで経営を立て直す資金を募ることにしたところ

一夜にして目標額500万円を突破
何
大変だ
えっ
大変
下調べ
PC
最終的に約4300万円が集まったという
大変だ
がんばって
ワー
ワー
すげえ
これが慶應の学生が愛してやまない伝統のカレーか…
カレーライス
360円
あっ うまい
すごく香ばしい
昔ながらのレストランとかで出てくる感じの味ですね

※取材時　現在は390円

見てください
あれ
学生みんな
めちゃくちゃ
大盛りのカレー
食べてますよ
こんもり
ほんとだ
ごはんが山の
ようですね…
定食も安くて
ボリューム
ありますね
ハンバーグ
やわらかくて
ジューシー
サケフライ　450円
揚げ物
できたてで
サクサク
魚も
肉厚
ハンバーグ　440円
パイナップル　100円
皮ごと切られた
パイナップル
あるの　なんか
いいですね
昔の喫茶店
みたいー

若き血…慶應義塾大学の応援歌
「若き血味噌ラーメン」て何が血なのかと思ったら麺が赤い
ちょっと唐辛子っぽい香りする
若き血味噌ラーメン
450円
※取材時　現在は500円
あ～あれはねえ剣道部のOBが言い出してできたんですよね
麺に唐辛子を練り込んでるんです
慶應義塾大学
山食　代表
谷村忠雄さん
学生の意見が反映されたメニューが多いんですか？
というかうちは特に体育会系の部活と付き合いが長いんです
夏になると山中湖の山荘で体育会系の部活が合宿をするんですけど　50年くらいその食事を夏休み中朝昼晩休みなくずっと作っていたものですから
しーん
火がつかない
ヒー
土日も作る
おかわり
おかわり
学食より大変じゃないですか

でもそれで仲良くなったOBやOGたちが今でも年賀状をくれたり今回のクラウドファンディングにも協力してくれたりしてうれしかったですね
大変だ
大丈夫か
みんな
あけましておめでとう
HAPPY
歴史と学生とのつながりが生んだ成果だったのか…
カレーは創業当時からあったんですか？
最初からあったみたいですね
うちのカレーは昔から同じレシピでルウから作ってまして
85年
えっ
カレー粉をメリケン粉やニンニクなんかと合わせてオーブンで焼くんですけど
なんか思ったより本格的なことしてるんですね…
ブイーン
そうですよハンバーグもこねてオーブンで焼くし
とんかつの肉も食堂で切ってるし魚もさばいてますよ
マジ？

「山食」ができたのは1937年（昭和12年）
食堂
三田キャンパス
山食って名前はよく三田の山の上にある食堂だからとかボロで山小屋みたいな食堂だったからとか言われてます
谷村さんが山食に入社したのは1955年　なんと16歳のとき集団就職がきっかけだった
ヤング谷村さん
当時はまだ戦後10年でいろいろ大変でしたね
ていうか戦前から続いてる学食って相当珍しいのでは
そうかもしれないです
学校の敷地内に畑を作ったり材料をいろんなところから集めたりしましたね
クジラ肉
大根の雑炊
キャベツにハム並べたやつ

そしてまだ周りには今みたいに飲食店なんてほとんどありませんでしたから　学生以外に近所の人たちもよく来ていましたし和洋中いろんなリクエストがありました
中華やってよ
ハンバーグ作って
ちわー
山食
出前もしてました
あ　もう学生食堂っていうか普通に街の食堂でもあったんですか
なのでいろいろな料理を作れるようになりました
結婚式のためにケーキを焼いたり
クリスマスにローストチキンを焼いていたこともあります
すげえ
オードブル
サンドイッチ
今でもパーティーがあればナマモノ以外なんでも作りますよ
ナマモノは学校の衛生管理上出せないので
これパーティーの写真
ローストビーフ
ウマソ〜〜〜〜

冷凍とか加工食品は使ったりしないんですか?
しないですね原価が上がってしまうのでほぼ全部手作りです
えっ
食品サンプル見たとき
けっこうシンプルな品揃えだな
フーン
とか思ったけど
これ全部手作りだったのか すごいですね
今コロナと試験期間で少し減らしてますけどね
2品ほど
加工度が低い材料を使うと原価を抑えてボリュームのある料理が作れる反面 調理に労力がかかる分 当然品数は限られることになる
生協の食堂もできたので 軽めの料理が食べたい人はそっちで
少なめ!? いいの!?
うちではガッツリ食べたいっていう学生さんが多いですね
なんなら黙っていても大盛になるし 少なめをたのむと驚かれる

山食の初代と2代目の代表は夫婦で
ダンナさんが初代　オクさんが
2代目だったそう
10人以上いた集団就職のメンバーは
みんな去って行き　最後まで
残ったのは谷村さんだけになっていた
2人にはお子さんがいなかったので
初代が亡くなったときに残した
「谷村に跡を継いでほしい」
という遺言書をもとに
谷村さんが3代目に
遺言書
見せましょうか
事務所にあるので
いや　恐れ
多いです
2代目の病院や
老人ホームの
手続きなんかも
したんですよ
毎週会いに
行ったり
めちゃくちゃ
面倒見がいいな
そういえば　こんなに
安くしていて利益とか
出てるんですか…？

※取材時　現在の価格とは異なります

ほとんどないですね
カレーライス 330 → 360円
カツカレー 530 → 560円
ハヤシライス 370 → 400円
カツハヤシ 570 → 600円
学生さんには申し訳ないけど一部値上げもさせてもらったんですが…
300円台のメニューがカレーだけになっちゃいました
元が安すぎないですか？
これまでも自転車操業でギリギリではありましたね
ウーム
でも学校からも
カレーだけでもどうにかできるだけ値上げしないようにしてくれないですか
と言われていたり
学生も裕福な子たちばっかりじゃないしね
ひとつは誰でも食べられるメニューをってね
いろんな子がいますよ学生は
「ごはん死ぬほど大盛りにして」とか「キャベツ増やしてくれ」とか

先生も「チャーシュー増やしてくれ」なんて言ってね
先生
もちろんお金は別でいただきましたよ
先生は
スッ…
あ よかった 先生
学生の要望には結構応えているんですか
も－
言いなりですね 学生がおなかいっぱいになって満足してくれたらそれでいいよ
おそろしく面倒見がいい…
ごちそうさま
うまい
カレーの肉増やして
食堂は学生さんたちにとっては第二の家庭でもあるというか
自分の家に来たみたいにわがまま言えるしね

確かに学生によっては
ほぼ毎日食べることになる
ものを作る学生食堂は
店とかではなく家庭と言うべき
場所なのかもしれない
山食のカレーは
慶應の学生にとって
大切な第二の実家の
カレーなんですね
ん　じゃあ
山食はどこから
利益を出してた
んですか?
パーティーですね
ひとり360円の
カレーと3000円
のパーティーでは
わけが違いますから
急に
リアルな
※現在はカレー390円　パーティーは一人3,500円から
勤続67年　なんなら先代たちよりも
長く慶應の学生たちの第二の家庭で
あり続けた谷村さんもそろそろ
引退を考えているとのこと
娘が
4代目として
引き継ぎます
慶應OB・OG・現役生のみなさま
コロナ禍が収束したらぜひ山食で
盛大に引退パーティーをしてください

書籍化にあたって大学の追加情報を編集さんに調べてもらったのですが
このファカルティクラブってなんですか
いろいろ送ってくれてありがとうございます
それ気になりますよね
書籍版編集担当
ホリコシくん
●慶應ファカルティクラブ
なんでも慶應の塾員（卒業生）と教職員しか入れないレストランだそうです
部外者が利用するためには関係者と同伴しないといけないらしいですよ
なんじゃそりゃ
ギロリ
そんなディ○ニーの「クラブ33」みたいな場所が学校に…？
やっぱ慶應はすげーな
なんとか潜入できないものか
なんてことを思っていたのですが
ファカルティクラブがある学校は多いようです
Faculty
＝
教員（集団）
学生も含めた組織としての学部
主にクラス会の食事や宴会に使われる場所とのこと
なんだ〜

慶應義塾大学　三田キャンパス

Keio University

東京都港区

私立　全国大学生協連　加入

三田キャンパス東門

大学エンブレム

Keio University

1858

CALAMVS GLADIO FORTIOR

福澤諭吉が1858年に開塾した蘭学塾に始まる私学の雄。野球やラグビーなど、スポーツの強豪としても知られる。政財界で重鎮を務める卒業生も多く、OB・OG組織の三田会は結束力の強さで有名。

三田キャンパスの飲食店一覧

山食（食堂）／生協食堂（食堂）／ザ・カフェテリア（食堂）／カフェ八角塔（カフェ）
ファカルティクラブ（レストラン）／社中交歓 萬来舎（ラウンジ）

PICK UP

山食　YAMASHOKU

名前の由来は「山の上の食堂」「山小屋みたいなボロボロの食堂」など諸説あるがはっきりしていない。しかし谷村さん曰く、もともとトタン屋根でボロボロの食堂だったことは事実らしい。戦争や校舎の改築を経て何度も校舎内を移転しており、現在の場所は開店当初の場所ではない。

カフェ八角塔　CAFE HAKKAKUTO

重要文化財に指定されている慶應義塾図書館旧館を改装した喫茶店。レトロなインテリアや瀟洒なシャンデリア、図書カードを模したメニュー表など〝映え〟要素が多い。
福澤諭吉にあやかった「福澤諭吉」という名前のビールや「コルリ」と表記するカレーがある。

明治大学
「スカイラウンジ暁」

Meiji University

地上17階の
誰でも普通に
食事ができる場所

『戦前学生の食生活事情』という
その名の通り昔の日本の学生がどんな
食事をしていたか研究した本がある

学食でソースをかけただけのご飯を
何杯もおかわりする貧乏な学生から
外食を楽しむ裕福な学生まで
当時のさまざまな学生と食事が描かれているが

「三省堂選書 172 戦前学生の食生活事情」上村行世 著
イラスト：『あゝ楼台の花に酔う』筑摩書房 西山夘三 著 より

外国人留学生の食生活に
ついては記録が少なかったのか
特に触れられていない

しかし日本の食事が
口に合ったり合わなかったり
宗教観や文化の違いなど
かなり苦労したことでしょう

2021年
某日
おこのみやき
緑茶ゼリー
やきそば
これ無料なんですか???
そうですね
メニューも
学生が考えて
ます
すご
17F
このへん
明治大学　駿河台キャンパス
リバティタワー「スカイラウンジ暁」
新型コロナウイルスで
経済的な影響を受けた
学生の健康を守るために
明治大学は昼食を無料で
提供する「明大0円食堂」
を実施していた
なんでこれが
無料で提供
できるん
ですか…?
JAF Mate
編集担当
辻さん

明治大学の学生は全員「明治大学学生健康保険互助組合」というものに加入していまして
保険
簡単に言うと「明大０円食堂」は保険組合の給付としてその年会費と大学から予算を出し合ってます
なるほど
そういうわけでこの食事を一般にお出しすることはできないんですが…
すいません
いやいやもちろんです
過去に「100円朝食」を実施したこともあります
あ　なんか聞いたことあるかも
「明治大学学生保険委員会」は1964年に全学生組合員を代表する機関として創設され活動している学生委員会
twitter @kenpomeiji
100円朝食も明大０円食堂も「予防給付」の活動として大学と一緒に企画運営しました
明治大学
学生保険委員会
オさん

金銭的な部分も
そうですけど
コロナで旅行や帰省が
できないから…
沖縄
鶏飯
メンチカツ
北海道
じゃがバター
スープカ
長野
山賊焼定食
栃木
餃子
健康はもちろん
少しでもそういう
気分を味わって
もらえるように
各地のご当地料理を
0円食堂期間に
日替わりで食べられる
という企画です
ぜんぶデザートつきます
そういうコンセプトも学生というか委員会が考えるんですか？
そうですね とてもやりがいあります
すごーい
偉すぎる
ハッ
…もしかして 普段の学食も 委員会が考えて…？
いや普段は 師弟食堂という 業者さんの 運営ですね
さすがに そうですよね
タハハ
ん？

じゃあ平常時の学食も気になりますね…？
そうですね…また取材させてもらいましょう
※無料ランチ以外のメニューは基本的にお休みでした
これ平常時のメニューーか
すごい種類ありますね～
こんだけあると山食みたいに全部が手作りではないでしょうね
ランチ&丼ぶり
卵&鉄板
カレー&カツカレー
ラーメン
スパゲティー
デザート
お間違えがないように食券をお買い求め下さい。食券の変更・返金はできません。
ムッ
ハラールのメニューがあるの？
ハラルカレー
19
500円
ヴィーガンカレー

学食にハラールフードがあるの初めて見た
ハラールフード
…イスラム教において食べることが
許されている（ハラール）食べ物のこと
ムスリムの人たちにとって許されていないもの
（ハラーム）を食べることはイスラムの教えに
背くことになるとされる
Halal
ムスリムの留学生がいるのかな
詳しくはよく知らんけど…
これは次回ぜひお話聞きたいですね
じゃあまた日程調整しますね
数か月後
プルルルルル
ガチャ
あ　増田さん集合時間ですけど今どこですか？
JAF Mate
編集担当
保科さん
…すいません完全に今起きました…
増田さん
やっちゃいました…

明治大学駿河台キャンパスに
学生食堂ができたのは1941年
当初は「師弟食堂」
という名前だったという
明治大学HPより
駿河台キャンパス
旧4号館裏にあった
師弟食堂（1954年）
単純に食堂としてだけではなく
学生と教授がテーブルを囲み
教育的な機会を期待して
設立されたことに由来する
1998年に
リバティタワーが竣工
食堂は17階に移転し
「スカイラウンジ暁」と
名前を変え今に至る
大都会の中心で
周囲のビル群を見下ろす
地上約75mからの
眺望は素晴らしく
学生のみならず　近隣の
人たちにも親しまれている

17階遠いな 早く着いてくれ…
ウィーーン
インタビュー大丈夫だったかな…？
とりあえずインタビューは進めておくので向かってください
すいません遅れました
あっ来ましたね
じゃあ料理用意します
すいませんすいません
ちょっと頼みますよ増田さん
でも試食に間に合ってよかったです
ではまずカレーですね
えっカレー…？

あ よかった
ふつうのカレーだ
何が来ると
思ったんですか
カツカレー
450円
明大だから
「トリプルカレー」
が来るかと…
ネットで明大の学食を
検索するとよく出てくる
増田さん…
すべてが
3倍のカレー
なんと
今やってない
そうです
トリプルカレー
さっき
聞きました
あと単純にもともと
そこまで出る
メニューでも
ないそうです
えー
1
3
まあ
そりゃ
そうか
コロナで学生も
少ないので
メニューを絞ろう
ということで中止
してますね
ダブルまでは
あります
へー

うん　まさしくオーソドックスな「学食のカレー」ですね
うまいうまい
暁ランチです〜
暁ランチ
440円
暁ランチって丼だったんですか
ソースは味噌風味なんですって
わは〜でっけえ
メンチカツだ味噌メンチ
ガブリ
キャベツもうれしい
このボリュームで440円は満足感ありますね

しかし…
安くてボリュームはあるけど味的にはわりとふつうな感じだな…
食材の加工度は高めな感じですか？
揚げ物とか手のかかるものはやはり冷凍を使うそうです
ただ賞味期限が短いサンドイッチや一部のスイーツは手作りみたいですね
スイーツ？
サンドイッチ
この手作りスイーツも食べさせてもらった激ウマすぎてやばかったです
歓喜する女性編集者２名
おいし〜〜
確かに安くてバリエーションも豊富だけど　正直なところ明大の立地なら学校の外で食べる人も多いのでは…？
神保町とか
かぼちゃプリン

あとほか何を頼んだんですか?
味噌ラーメンですね
えっ
気になってたのに
ハラールメニュー何か頼まなかったんですか
増田さん…
ここのラーメンは全部ハラールとのことで…
みそ
タンメン
しょうゆ
さっき聞きました
ぜ 全部?
だからチャーシューの代わりに鶏の唐揚げを入れているんですって
マジだ
味噌ラーメン
450円

ふつうにウマい
味噌ラーメンだ…
これがハラール?
ズー
麺屋 帆のる
2020年から
スカイラウンジ暁は
ハラールラーメン店
「麺屋帆のる」と協業し
すべてのラーメンを
ハラールラーメンにしている
ムスリムの留学生から
「日本のラーメンが
食べてみたいけど
行けるお店がない」
という声がありまして
そんなに
ムスリムの人
いるんですか?
おいしそ…
いや決して
多いわけでは
ないんですが…
そもそも明大に学食ができたのは
このあたりが昔からオフィス街で
飲食店の値段が学生には高すぎて
気軽に食事ができなかった
ことからだったそうです
御茶ノ水駅
明治大学
神保町駅
ランチ

今は学食より安くて
おいしいお店も
あるでしょうし
ライス
おかわり無料
牛丼
武蔵家ができたのは事件でしたね
明大OB
堀越くん
カフェプレート
ドキ
定食
もちろん
そういうお店を
利用する学生さん
も多いと思いますが
学生食堂は今も昔も
基本的に少数派だったり
困っている学生さんの
味方でありたいということで
いろいろな取り組みを
しているという感じです
味的にはわりと
ふつうとか
なんか偉そうに
すいませんでした…
もちろん
それだけ
ではなくて…
ベリータルト
450円
たとえばカフェのように
使う学生が多いので
軽食やスイーツも豊富に
そろえたりもしてますね
りんごのシブースト 450円

加工度の高い食品を
使うメリットは
人件費の削減など
さまざまですが
ラクチン
多数派
少数派
すぐに
どちらも実現可能
学生食堂の場合は
学生の声や需要を規模にかかわらず
メニューに反映させやすい部分が
特に大きいように感じました
どんなときでも誰でも
ふつうにおいしい
食事ができて
ふつうに勉強する
ことができる
それはすべての
学生たちの権利であり
学生食堂はいつでもその
権利を守る味方なのであった
安さと量だけが
学生食堂じゃ
ないんだと改めて
思いましたね
それより
遅刻本当に
気を付けて
ください
本当に
すいません
でした…
みなさん
遅刻には本当に
気を付けましょう

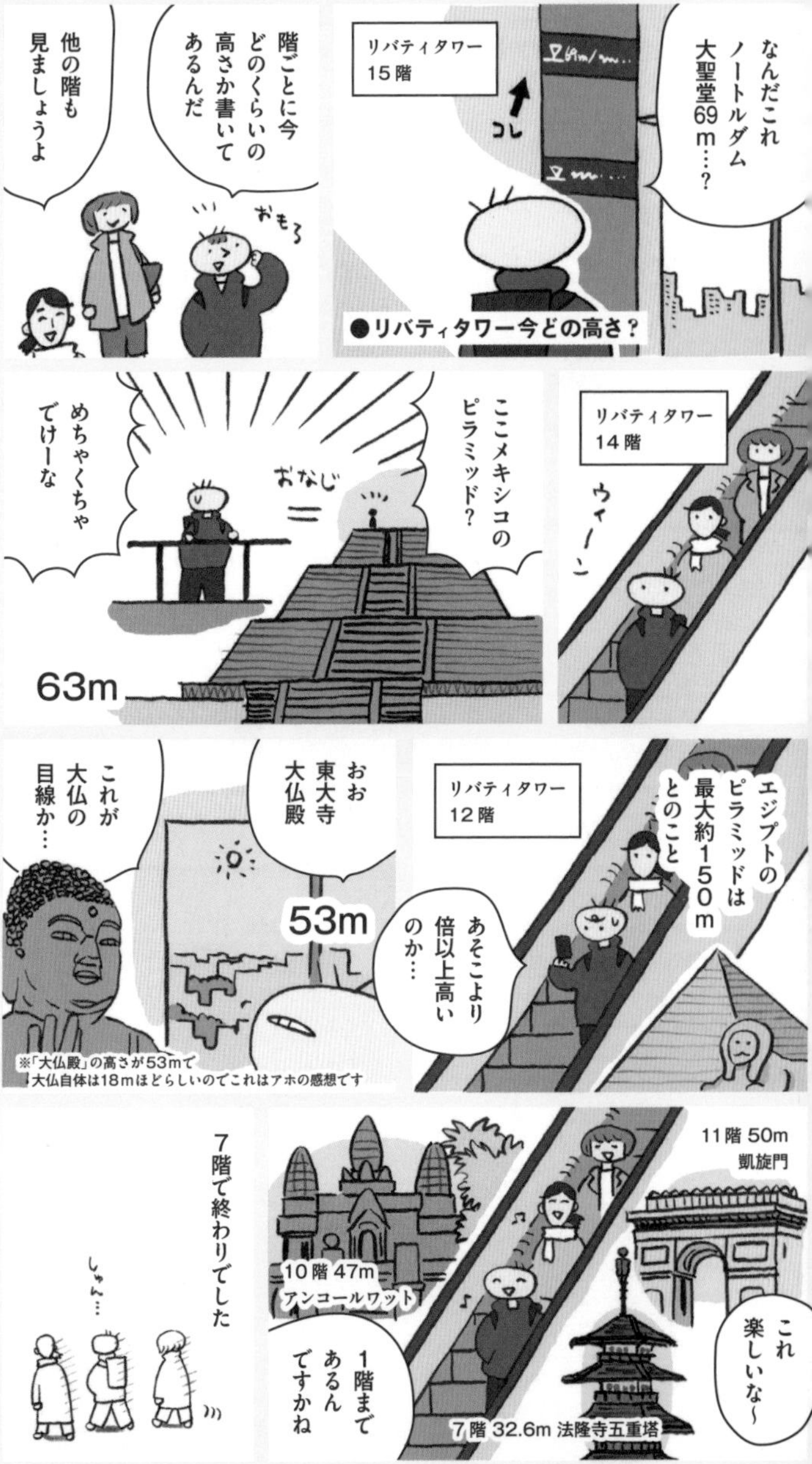

リバティタワー
15階
なんだこれ
ノートルダム
大聖堂69m…？
コレ
●リバティタワー今どの高さ？
階ごとに今
どのくらいの
高さか書いて
あるんだ
おもろ
他の階も
見ましょうよ
リバティタワー
14階
ウィーン
ここメキシコの
ピラミッド？
おなじ
めちゃくちゃ
でけーな
63m
リバティタワー
12階
エジプトの
ピラミッドは
最大約150m
とのこと
あそこより
倍以上高い
のか…
おお
東大寺
大仏殿
53m
これが
大仏の
目線か…
※「大仏殿」の高さが53mで
大仏自体は18mほどらしいのでこれはアホの感想です
11階 50m
凱旋門
これ
楽しいな～
10階 47m
アンコールワット
7階 32.6m 法隆寺五重塔
1階まで
あるん
ですかね
7階で終わりでした
しゅん…

明治大学　駿河台キャンパス

Meiji University

東京都千代田区

私立	全国大学生協連	非加入

リバティタワー

大学校章

シンボルマーク

1881年に開校された明治法律学校が1903年に改称して明治大学に。

今回訪れたリバティタワーは文系学部の３年生以上が学ぶキャンパスで、在室定員8,000名を超える23階建ての高層ビル。

駿河台キャンパスの飲食店一覧	スカイラウンジ暁（食堂）／カフェパンセ（カフェ）／サロン燦（レストラン）

COLUMN

リバティタワーはすごい

冷却効果がある「屋上庭園」、室内温度・外気温度・降雨センサー・風速センサーによって開閉を判断し、中央監視室からの遠隔自動操作が可能なほぼ全教室に設置されている自動開閉窓、電力量を削減する「自然換気システム」、32機のエスカレーターに設置された自動運転システム、リバティタワー地下に溜めた3600㎥の水を循環させてタワー全体の温度調節をする「蓄熱式空調熱源システム」……ただのでっかい建物ではなく、大型建築が抱える環境への影響を考慮したあらゆる技術が詰め込まれたすごい建物がリバティタワーなのである。

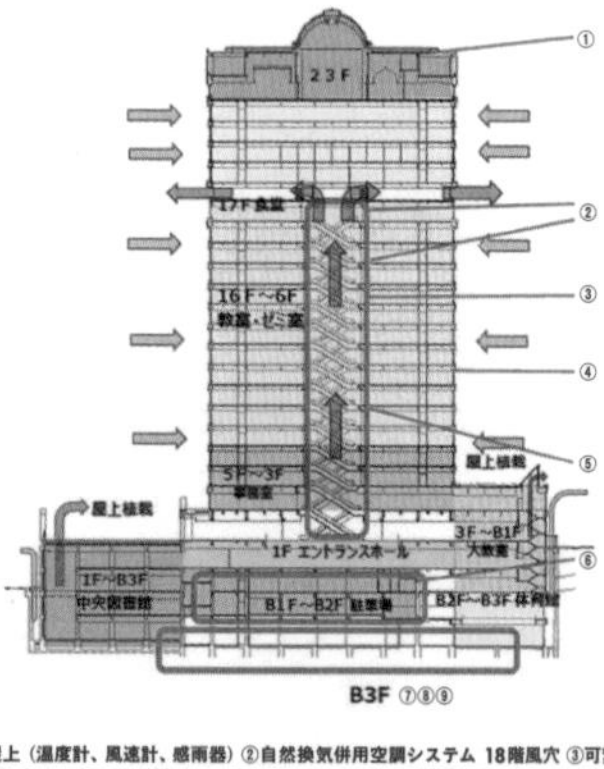

①屋上（温度計、風速計、感雨器）②自然換気併用空調システム 18階風穴 ③可変風量式空調システム ④LED照明（各フロア）⑤エスカレーター自動運転システム ⑥可変風量式地下駐車場換気システム ⑦中水処理システム ⑧蓄熱式空調熱源システム ⑨中央監視室

神田外語大学
アジアン食堂「食神」

Kanda University
of International Studies

学食が本場の味と文化に
こだわる理由

なんだこれ
めっちゃ屋台
ある
これが
学食？
神田外語大学「食神」は
2014年にオープンした
学食としては珍しい
アジア料理を
中心とした学生食堂
店内には所狭しと
アジア各国の要素が
散りばめられ
TAXI
当たり前のように
トゥクトゥクが
あるぞ
まさにアジアの熱気を
体現したかのような
光景が広がっている

食神ってすごい名前ですね…
食神
「食には国や宗教・文化の違いを超えて人々をうちとけさせる力＝神が宿っている」という意味が込められてます
神田外語グループ
グループコミュニケーション部
三上山さん
ウワー 全然学食って感じの見た目じゃない
食神
レストランみたいですね…
パシャパシャ
ムッ なんですかこれは
それは「ウドゥ」をするところです
ムスリムの人が礼拝の前に身体を清めることですね
へ〜

いやいやいや…
これ本当に
学食???
ガーン
屋台や椅子など
実際に現地で
使われているものを
置いてあります
屋台のイス
うちわ
提灯
お面
タイコ
すごいっすね
配膳する場所も
凝ってるな～
アジア各国を
イメージ
してるんですね

お好きな席に座ってください
ハーイ
じゃあトゥクトゥクのとこで…
これちゃんと乗れるんですね
白身魚の唐揚げ ダブダブソース と グリーンカレー
いやいや…これ本当に学食の料理ですか？？？
完全にアジア料理屋のランチで出てくるやつの味する
うめー
これを学生は500円で食べてんの？？？

ほかのメニューもおいしいですね～
一般の人でも食べられるんですか？
鶏肉レモングラス焼き
鶏肉のトムヤム唐揚げ
シンガポールチキンライス
土日は一般にも開放してますね
そのときはビュッフェやランチプレートを提供しています
タイプレート
今は感染症対策で開放していませんが…
ふーん
お待たせしましたフォーですね

※2023年現在はイベント時などに限り開放　ビュッフェは実施しておりません

こちらが通常のフォーで
こっちがハラールのフォーです
え…見た目は全然変わらないですね
味も正直全然違いがわからんな…
ハラールのほうが気持ち塩気があるような…？
ハラールってなんなんだ
料理・内装・外装・ムスリムへの配慮…
すべてがめちゃくちゃにこだわり抜かれている
食神
いったい何がそこまで食神をさせているんだ？？？

調理担当の飯原さんです
あらためまして
あっ 料理とてもおいしかったです
※取材当時
なんていうか思ってたより本格的で驚きました…
ありがとうございます
ははは
もともとこういう料理を専門でやられてたんですか？
いや自分は初めてで…
この食堂を始めたときの責任者は実際に現地に行って研究したそうです

あとは先生ですかね…
料理の？、
先生？
外語大学なのであらゆる国の先生がいるんですよ
あ〜
神田外語大学のアジア言語学科には中国・韓国・インドネシア・ベトナム・タイそれぞれの専攻カリキュラムがある
KUIS8
NO
いろんな先生から「これは全然本場の味じゃない」とか言われたりして…
それは大変ですね…
ヒー
でもそれも「学生が本場と違う味で食文化を知ってしまうとよくない」ということみたいです
へーこんなかんじなんだ
NO
そうかここで初めて知らない料理を食べる学生もいるかもなのか

ハラールの料理も
ムスリムの学生や先生が
たくさんいるというわけ
ではないですが
「こういう
文化がある」
ということを知る
きっかけになれば
ということで
やっています
なるほど…
明大とはまた
違うポリシー
なんだな
ところでハラールって
何が違うんですか?
味はほぼ
いっしょ
でしたけど
全部ですね
全部?
食材から調味料　食器も
ハラールに則ったものを
使いますし　ハラールでない
ものとは分けないと
いけませんし…
حلال
HALAL
え〜…
………
?
ちょっと
持って
きますね

ジャーン
これ
ハラールの
調味料です
醤油とかごま油も
ハラールのものが
あるんですか？
OYSTER SAUCE
本醸造
ヤマサ
純正胡麻油
九鬼産業株式会社
ABC
KEWPIE
MAYONNAISE
JAPANESE STYLE
キユーピー
300g
豚肉を食べない
ことはもちろんですが
鶏肉・牛肉もハラール
のものを使いますし
ハラール食品専用の
冷蔵庫があって
食器も普通の
ものとは
分けてます
食器も
NO
豚肉・
アルコールは
使用しない
HALAL →
・調理過程も
分ける
・調味料は
製造過程などで
アルコールを使用
しない製法のもの

認証機関の審査も
定期的にあるので
結構大変ですね
حلال
HALAL
NIPPON ASIA
HALAL ASSOCIATION
へー
食神は日本で初めて
ハラール認証機関「NAHA」
（日本アジアハラール協会）
からムスリムフレンドリー・
ハラール証明を取得した
学生食堂だそうです
でもそういうのが
あって 近隣の
ムスリムの団体さんが
集会に来られたり
ウドゥもできるし
2階に礼拝室
があるので
あのー
イード・
アル＝フィトル
ラマダン（断食）
明けのパーティーを
したこともあります
一般的な食堂と違うのは
もちろんですけど
一般的な学生食堂とも
また違うんですね…
すげー
食べることそのものが
異国の文化を学ぶことであり
食神は食べる学校と言えるのかも
しれないと思いました

神田外語グループの創立者
佐野公一氏は　終戦後
「外国語を話せる若者を育て
外国との争いがない平和な社会を
実現したい」という思いから
学園を創立したという
「食には国や宗教・文化の
違いを超えて人々をうちとけ
させる力＝神が宿っている」
という食神の理念のように
食神
学生たちが食神のごはんを
きっかけに違う国の人や
文化を知り　平和な世界を
作ってくれたらいいですね
なんつって
そういえば
ビュッフェも
してたとか
言ってたな
どんな感じ
だったんだろ？
ポチ
ポチ

ギャー
うまそう

ちくしょう
ビュッフェが
やってるときに
行きたかった
非常に残念です

神田外語大学には
食神を含めて
3つの食堂と
2つのカフェがある
●神田外語大 憩いの場多すぎ問題
8号館Cafeは自立学習の
サポート役であるラーニング
アドバイザーが常駐している
SALCにあり
フム
Self-Access Learning Center
…自立学習支援施設・コミュニティ
学生同士・先生と
交流する際に立ち寄れる
場所として機能しています
なるほどね
PC
KUIS カフェについては
教員は常駐しておりませんが
学生同士の憩いの場として
機能しています
※イメージ
果樹園とイングリッシュ
ガーデンからなるKUISガーデンも
憩いの場です
いや なんか…
こう言うと 妙な感じですが
憩いの場 多くね？
外国人教員や留学生が多く
生きたコミュニケーションや
異文化の理解を重視する
神田外語大学ならではの
環境作りだと思いました
まあ 一緒に ご飯食べておしゃべり することに勝る コミュニケーション ないもんな～

神田外語大学

Kanda University of International Studies

千葉県千葉市

私立	全国大学生協連	非加入

7号館校舎

神田外語グループロゴマーク

KANDA GAIGO GROUP SANO EDUCATIONAL FOUNDATION

1987年開学。キャンパスがあるのは幕張だが、1957年に東京神田で開設されたセントラル英会話学校（現・神田外語学院）が発祥のためこの名称に。異文化コミュニケーションや、世界と向き合うための教養を身に付ける教育に主眼が置かれている。

幕張キャンパスの飲食店一覧

KUISカフェ（カフェ）／アジアン食堂「食神」（食堂）／ラバス（食堂）
バルコーネ（パン）／8号館Cafe（カフェ）

COLUMN

学食とハラール

学生食堂の取材をするようになって驚いたのは、想像以上にいろんな学校がハラール食を提供していたこと。明治・青学・上智・東大や早稲田をはじめとした生協食堂……メニューの種類は多くはないが、イスラム圏の留学生が学校でおなかを空かせることはなさそうに見える。逆に気づいたのは、身近な場所でのハラール食を提供するお店の極端な少なさ。それはつまり、我々がイスラムの人や文化に触れる機会が同じくらい少ないということでもある。そういうこともあってか、イスラムにも地域や人によって教義の違いがあったり、戒律を破らない範囲である程度自由に飲み食いができるなどという話も聞くが、めんどくさいと煙たがる人や、勝手なイメージを持つ人がいるのが実際のところ。

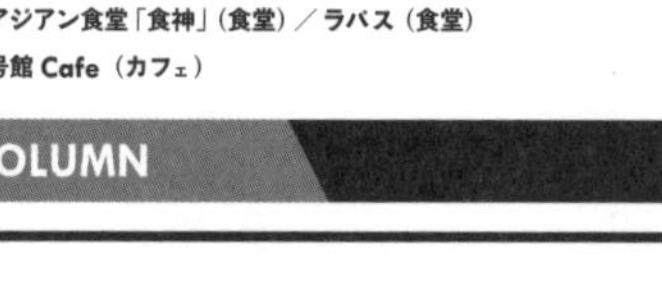

そういう諸々を考えると、学食にハラール食があるということは、イスラム教徒への配慮や違う国の文化を知ってもらうことと同時に、さまざまな価値観を持つ学生同士が同じテーブルを囲みコミュニケーションできる場を作る、重要な取り組みなのかもしれない。

東京農業大学
「レストランすずしろ」

Tokyo University of Agriculture

学食史上最もうまいとんかつ?!
食の未来を支える学校の理念とは

東京農業大学の初代学長であり
「近代農学の祖」と呼ばれる
横井時敬は
当時の主な中産階級である
小規模農家の生活の向上こそ
日本の発展に必要と考え
そのための学問として
農学を研究する必要性を訴えた
東京農業大学創立１３０周年記念誌「学祖群像」より
ここで育った農業者たちが
地元の農村へ帰って指導
していけば　日本の農業は
よくなっていくだろう
わが校の理想
「人物を畑に還す」だ
横井が残した思想は
今なお東京農大の教育の
根底に息づいているという

じゃあ東京農大を卒業した人ってみんな農業してるんですか？
い…いや そういう わけではない です
東京農業大学 企画広報室 榎本さん
もちろん農業関係の仕事に就く人もいますが食品メーカーとか多いですね
いろんな食品メーカーに東京農大の卒業生がいます
えっ
東京農業大学 世田谷キャンパス
つまり日本の食品関係は東京農大が牛耳っている…？
どういう陰謀論ですか
ワーイ
まあとりあえず食べてからお話聞きましょうか

惣菜Sセット
570円
※現在惣菜Sセットは600円
うまい
学食史上最もうまいとんかつ定食なのでは???
おいしー
肉そのものがうまい
卵も濃厚でおいしいですね
やまと
ホロホロ
豚肉は「やまと豚」というブランド豚で卵はホロホロ鳥の卵です

レストラン「すずしろ」は
1955年から東京農業大学で
営業している学生食堂
本店は「松木家」という渋谷のすき焼き屋なんです
創業明治
たのむよ
超老舗じゃないですか
前身の学校の先生たちがそこを利用されてたのがきっかけで食堂をやることになりまして
株式会社 松木家
代表取締役 俣野さん
それでブランド豚が安く…？
いやいや
卒業生がやまと豚の生産会社で働いているんですよ
なんと
店長 沼田さん
そこから直接仕入れているので安定して「やまと豚」が提供できるんです
フリーデン
OB
やまと
農大・富士農場
ホロホロ
よろしく
よろしく
農大サポート
ハーイ
農大サポート
…東京農大と連携し大学に関する
さまざまな事業を行う会社
ホロホロ鳥の卵は「農大サポート」を経由して仕入れてます

野菜なんかもほぼほぼ卒業生が働いている農家や農協から直接仕入れてます
へー
50〜70cm
30cmくらい
有名なものだと「大蔵大根」っていうすごいでっかい大根とか
大蔵大根を使ったモツ煮すごいおいしいですよモツもやまと豚のを使ってるんで
モツ煮と角煮は人気ありますね
あ〜〜〜うまいですよね〜〜
ワー
僕も角煮がある日は角煮一択ですね
うめー
確かにこれは「一択」の味ですね
ところで気になってたんですけど…

ソフトクリームがあるの珍しくないですか？
SAとかによくあるやつ
バニラ
チョコレート
ああめいらくの社長が農大のOBだったんで
もしかして卒業生が関わっていないもの…ほとんどないのでは？
やっぱり？
そうですね農家の人も多いのでお米もコシヒカリを使ってますし
味噌とか調味料とかラーメンのタレなんかも卒業生が作ってるやつですね
ほぼ全部じゃん
ラーメン気になるんで作ってもらっていいですか…？
ワー
あいいですよ

現在味噌ラーメンは560円　油そばは510円

このへん外食が充実してておいしくないと学生も周りのお店行っちゃうんで…
めしあがれ
やまと
肉
脂
もつ
油そばは角煮とか作るときに出るやまと豚の脂使ってるんでかなりうまいと思いますよ
やまと豚好きすぎるでしょ
ほかに学生さんに人気のメニューってありますか？
イエーイ
社長のお姉さんが作るの好きなんで
スイーツは結構力入れてますね
全部手作りですし卵も地鶏のものを使ったりしてます
すげー

おいし〜
やっぱ女の子には人気ですね
そんなに女の人いるんですか?
今4割が女性です
「農業女子」なんかの影響もあるでしょうし…
キャンパスが世田谷で4年間固定っていうのも大きいと思います
栄養科学科とか農業以外の学科もありますしね
女性が多いからなのかわからないですけど辛いものがよく出るのでそういう調味料も揃えてます
あ〜たしかに唐辛子系の調味料多いなと思ってました
YOUKI
鬼辛
一味

ちなみに農学部で
採れた作物を
使ったりとかは
ないんですか
豊作だ
バクゼンとした農学部のイメージ
あんまり
ないです
ニワトリが
卵を産みすぎたとか
持ってきてくれたり
しますけど
実験段階だと
学食に卸せるほど
採れたりしない
ので…
あー
強いて言えば
チンゲン菜が
授業でよく使われるから
それが来ることは
たまにありますかね
使って
病気に強いとかで
それより応援団の
大根が一番
怖いんですよ
農大名物大根踊り
大根を持って踊る
陸上部が関東大会なんか出ると
みんな応援に行って
一人2本持つわけじゃないですか

大会が終わった後200本くらいの大根がうちに来てそれ全部料理するんで
エグい
ヒー
でもちゃんと食べるんですね
主に角煮やモツ煮になる
やー食った食った
ゲーフ
農大の学生いいメシ食ってるな～
いいなー
これ普通もうちょっと値段しますよね?
まあプラス3～4割するかもですね
メーカーや農家さんと直でやりとりできるのでなんとか安く抑えてます
「松本家」もあるし
なるほど大変ですね…
でも自分たちが食べておいしいものを出したいですし

そうした
おいしいものを
食べた子たちが
食品メーカーや
農家に勤めて
いくわけで
そういう
意味では
還ってきますね
なるほど
まさしく「人物を畑に還す」
という農大の理念のように
おいしいごはんを食べた学生たちが
誰かのごはんに携わる人物になる
農大と学食の関係が
自分たちの知らないところで
わたしたちの食卓を豊かに
しているのかもしれない
とんかつ・角煮・
モツ煮・油そば…
やまと豚使ったメニュー
ほぼ全部食べたな
うまかったよ
やまと豚はマジで最高
農大アンテナショップ
「『農』の蔵」で
購入することができます
やまと
登場してないけど
カツ丼も食べた

ところで
エヘエヘ
学生が畑を開墾するところから作ったビールがあると伺ったのですが
ああ 学生ビールですか
●学生が作ったビールを飲んでみよう
あれは学校で売ってたりはしてないんですよ
じゃあ学食とは違うか…
こじつけて飲めると思ったのに
しかしご厚意で試飲させていただけることに
ヤッター
東京農大の北海道オホーツクキャンパスに寒冷地農場がありまして
そこで10年くらい前にサッポロビールと提携して麦やホップを栽培して「祝」というビールを共同開発していたんですが
農場を耕して種を撒いて
収穫して
麦芽を作って
じゃあどこでビールを作るかっていうところで大手の工場で作ったので「地産地消のビール」と言えるものではなかったんです
おねがいしまーす

そこで
ですね
地ビール
製造装置
むかし北海道オホーツク
キャンパスができたときに
ビールを作るプラントを
導入していたんですが
当時その勉強をしていた学生が
「網走ビール」に就職して
製造の責任者になって
いたんです
流氷ドラフト
を作ったん
それで彼のところに材料を
持っていって すべての工程に
学生が関わったビールを
作るというプロジェクトが
「学生ビール」® なんです
国内では
初めての試み
だと思います
ラベルも学生がデザイン
思ったより
壮大な
プロジェクト
だった
こじつけて
飲めるとか
浮かれてて
すいません
ですがそのビールが
売れる保証がないと
「作りましょう」とは
なかなかならない
ですよね
自社製品
ならともかく
なので「農大サポート」が
買い取って売りますという
約束をして作ってもらって
いるんです
農
これは
買います
あ そういう
役割をしてるん
ですね
まさに
サポート
そういういろいろが
詰まってると思うと
味わい深いな
アンテナショップ
「『農』の蔵」ではそんな
東京農大の学生・卒業生が
関わったお酒や食品が
たくさん販売されています
足を運んでみてください
うまい
樽生だと
もっとおいしい
ですよ

東京農業大学　世田谷キャンパス

Tokyo University of Agriculture

東京都世田谷区

私立 | 全国大学生協連 | 加入

国際センター

ロゴマーク

明治維新後の1891年、徳川育英会育英學農業科を創設した榎本武揚が学祖となる東京農大。日本各地に農場や研究施設を持つほか、特異な自然環境である北海道・オホーツクにもキャンパスがあるなど、現場での「実学教育」にこだわる。

世田谷キャンパスの飲食店一覧

サザコーヒー（カフェ）／すずしろ（食堂）
東京農業大学生活協同組合「カフェテリアグリーン」（生協食堂）

PICK UP

サザコーヒー　SAZA COFFEE

3代目社長の鈴木太郎氏が東京農大OBという縁で2023年5月にオープン。こだわりのゲイシャ豆を使った「エスメラルダマリオ（1杯3,000円!）」のほか、自社生産にこだわった国産小麦100%の「サザぱん」、店舗一押しの「世界一うまいコーヒーゼリー」、マイクロパウダーにしたコーヒーを贅沢に練りこんだ「サザソフト」などがある。

COLUMN

「農大サポート」とは

学校法人東京農業大学が出資して設立した会社。世田谷代田にある東京農大のアンテナショップ「農」の蔵を経営している。「農」の蔵では東京農大OB・農大にまつわる商品や、学生が商品開発したものを販売するほか、さまざまな場所に臨時出店し、学生団体の店頭販売の実践の場にもなっている。そのほか、生涯学習として誰でも自由に参加できるオープンカレッジやシニア世代を対象にしたグリーンアカデミーの運営、学生への住居紹介やキャンパスの設備を管理する事業も担っている。

千葉商科大学
学生ベンチャー食堂

Chiba University of Commerce

学食で起業だ！！！！

エビ天ぷらマヨソース丼 500円
めっちゃボリュームあるしかなりウマイ
スパイスが効いていて本格的な担々麺ですね…
麺 500円
ワー
野菜たっぷりで彩りもいいいしデザートかわいい～～～
ビビンバ丼 550円
いわゆる「学生が考えたメニュー」はよくあるけど…
これ全部調理からお店の経営まで学生がしてるのすごいな

オ〜〜　あそこ一帯「学生ベンチャー食堂」なんですか？
そうです あれはお弁当販売の用意をしてますね
CUC 学生ベンチャー 食堂
学生 ベンチャー 食堂
学生ベンチャー食堂は千葉商科大学が2011年から始めた起業支援企画
学生から事業計画を募集し大学内の食堂スペースで実際に飲食店を出店・経営させる
学校法人 千葉学園
千葉商科大学
CUC
カシャ
カシャ
メニューと価格・継続的に運営が可能な収支計画や経営体制・衛生管理などをもとに選考され
例
テナントは年度更新
洋食
FOR RENT
中華

選考を通過した学生は経営者として食品衛生責任者資格を取得し営業許可を申請・税務署に開業届を提出する
OK
ワーイ
マジの「起業」じゃん
すげー
テナント代と水道・光熱費は大学が負担してますがそれ以外の経費や税金は学生経営者が支払います
一般的な学食とほぼ同じ条件だ…
へー
経営企画室
道口さん
チャイムが
校歌
ワイワイ
ガヤガヤ
ムッ
ちょっと目を離した間にめっちゃ行列できてる大人気じゃないですか
ズラー
学食は席数が限られてるのでお弁当が人気みたいです

3つお店がありまして
ガヤガヤ
※店舗情報は取材時のものです
新天地 SHINTENCHI
1つは去年オープンした中華料理のお店「新天地」
3店舗のなかでは唯一ラーメンを提供しているお店です
担々麺 500円
塩ラーメン 500円
事業計画では3店舗の中で一番狭いスペースを有効活用して販売回転数を上げる提案が評価されました
おいしー
味もかなり本格的ですね

2つめは
お弁当の専門店
「彩食菜」
栄養バランスと
彩りを考えた
メニューで他店舗と
差別化しています
ビビンバ丼 550円
オムライス 550円
弁当のみの販売という
効率的な経営戦略や
学業を優先させつつ
経営を継続するために
週3営業から始めるなど
出店に向けた意欲と
入念な準備が表れた
事業計画でした
すご～い
ほんとに
全部彩りが
きれい～～
3つめの
「満腹ダイニング」は
一番長くて 唯一
卒業生が経営してます
卒業しても
店舗を借りられ
るんですか？
在学中に営業開始して
卒業した場合は
テナント料を支払えば
そのまま営業できるんです

丼物中心のお店でボリュームありますけど…
ガハハ
まあ学食だし3人いれば大丈夫でしょう
お待たせしました〜
エビマヨ丼とスタミナ丼　あとジャージャー丼です
エビ天ぷらマヨソ
豚肉と玉ねぎのスタミナ丼
あっ　やばいかもしんない
唐揚げジャージャー丼
すべて500円

いわゆる学食の
「ボリュームがある」
を完全に超えて
ボリュームがある
うえにうまい…
どんぶりでけー
ゴロゴロ
こんなでかくて
プリプリのエビが
ゴロゴロ入ってて
採算取れんの？
ズシリ
マジでもう
食えない…
というか
全体的に結構
しっかり量
ありましたね
遠い目
やっぱ学生が
学生に作ってる
からかな…
いろいろ
お話聞いて
みましょう
安い
多い
うまい
学生の夢ごはん
どういう経緯で
「学生ベンチャー食堂」
に出店しようと
思ったんですか？
起業
したいなー
ぼくは小学生の
頃から起業したいと
思ってて…
小学生
から？？？

「新天地」店主
商経学部商学科　芹澤孟さん
なんか漠然と自分で事業を立ち上げたいみたいなのが夢だったんですよ
それで高校生のときに進路どうしようと思ってたら
フム
オープンキャンパスで学生ベンチャー食堂の存在を知ってこの大学に入学しました
フムフム
あ　もう学生ベンチャー食堂がやりたくて入学したんですか
やる気がすごいな
中華のお店にしたのはやっぱり中華料理が好きなんですか
いやそんなに…
和食のほうが好きです
ズコー

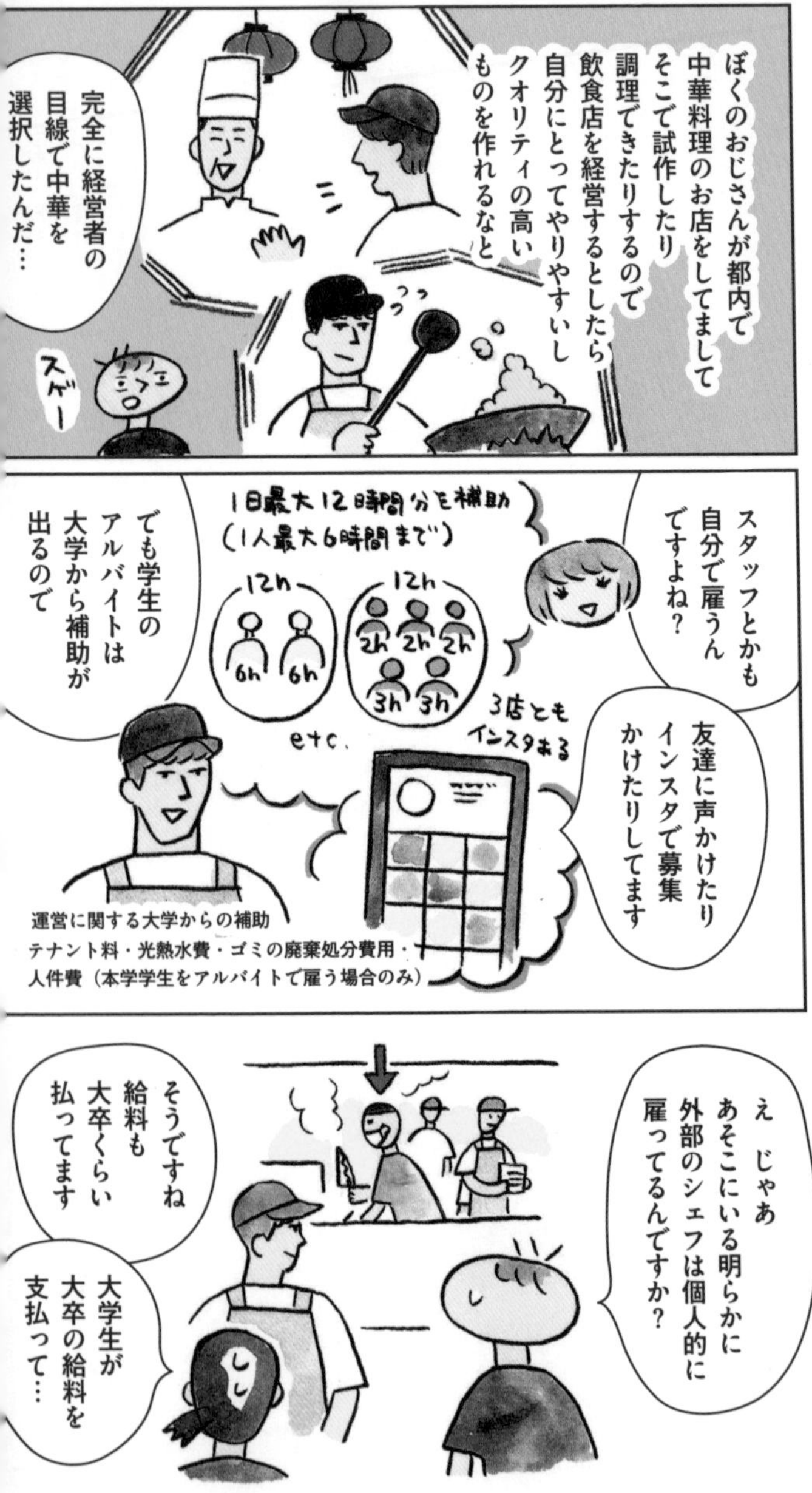
ぼくのおじさんが都内で中華料理のお店をしてましてそこで試作したり調理できたりするので飲食店を経営するとしたら自分にとってやりやすいしクオリティの高いものを作れるなと
完全に経営者の目線で中華を選択したんだ…
スゲー
スタッフとかも自分で雇うんですよね？
1日最大12時間分を補助（1人最大6時間まで）
12h
6h 6h
12h
2h 2h 2h
3h 3h
etc.
でも学生のアルバイトは大学から補助が出るので
友達に声かけたりインスタで募集かけたりしてます
3店ともインスタある
運営に関する大学からの補助
テナント料・光熱水費・ゴミの廃棄処分費用・人件費（本学学生をアルバイトで雇う場合のみ）
え じゃあ あそこにいる明らかに外部のシェフは個人的に雇ってるんですか？
そうですね 給料も大卒くらい払ってます
大学生が大卒の給料を支払って…

わたしは将来カフェを経営したくてその練習みたいな感じで応募しました
ほうカフェを
「彩食菜」店主　大学院　商学研究科
木村海音さん（開店当時は商経学部経営学科）
それでお弁当屋さんて面白いですね
学生生活と両立するためにお弁当にしました
いらっしゃいませー
お弁当だったら洗い物とかしなくていいしある程度販売だけで回せて時間が作れるじゃないですか
めちゃくちゃ合理的な理由だった
カフェがしたかったらバリスタをしたいとか料理を作りたいとかが先行しそうですが…
クリームブリュレ 300円
未完成チーズケーキ 150円
もちろん最初はそういうことも考えてましたし今もスイーツ作ったりしてます
わー
休日はカフェ巡りしてます

みなさんいわゆる
「お店をやりたい」
じゃなくて
起業そのものや
経営に興味が
あって
その勉強として
取り組んでいるん
ですね
そうですね
わたしだったらとにかく
自分の夢の店みたいな
ことをしたいですけど
みなさん本当に
ご立派で…
イエ〜イ
ですよね
ちなみに大体
毎日どれくらい
売れるんですか？
弁当と合わせて
100から150食
くらいですかね
う〜ん
そうですね
100から
120食くらい

うちは
200食
くらいですね
多いときで
300食とか
??!
「満腹ダイニング」店主
陳子豪さん
（開店当時は商経学部経営学科）
い　一番多い
ときはどれ
くらい…？
ゴクリ
一番すごかったとき
500食出たことあって
そのときは忙しすぎて
1か月ずっと
熱出してました
ハアハア
でしょうね
彼は食堂で最初に
お弁当を出したん
ですよ
ほう
1年生のときはテナントが
空いてなくてぼくも
普通に学食を利用
していたんですけど

種類とか量が少ないのと並ぶのが嫌で…
なるほど そこを狙ったと
ズラ～
※イメージ
周りも同じことを不満に考えていないか１００人以上の学生にアンケートをとって
えっ
これらを反映させて事業計画を立てました
●学生ベンチャー食堂の認知・利用度合い
●大学で昼食をとる場合の場所・手段
●普段昼食にかける費用
●昼食に重視する要素
●新店舗のコンセプトに対するニーズ　など
ただの「安くて多い」じゃない
「夢の店」ではなくリサーチに基づいた計画を…？
高校生のときにこの学生ベンチャー食堂を知ってやりたいと思って２００万円ためて
店の看板メニューのスタミナ丼もその頃から自分で料理して研究して

今はここを運営しながら大学の外でも中華料理のお店を開く準備をしています
母校を拠点にフードビジネスを展開しようとしてるガチの「経営者」だな…
貫禄がありますね…
授業で学んだ理論をそのまま店舗の運営に生かし経営の知識とスキルを身に付けてほしいという思いで始まったという学生ベンチャー食堂
まさに店舗そのものが学びを得る教室になっていると思いました
わたし学生の頃あんなしっかりしてませんでしたよ…
おれも…
わたしも…
学生たちと自分たちのしっかり度合いのギャップに若干ダメージを負いつつ学校を後にしたのでした

ウワー
めっちゃ
おしゃれ
The University DINING
…2015年にオープンした
千葉商科大学の学生食堂・スペース
●意識が高い食堂
本格的なコーヒーとパンが楽しめたりイベントなど人々が交流する場所でもあり
木漏れ日のような優しい光に包まれ空間は自然界で人だ心地よいと感じ1/fゆらぎのプログラム化し
意識が…意識が高い
UD
あとずさり
あともうひとつ食堂がありまして
こっちは唐揚げ丼とかカレー・うどん・そばみたいなメニューのお店ですね
わぁ落ち着く
実家のような安心感
リコルド
まあこういう食堂がひとつくらいあってもいいよね
ベンチャー食堂も意識高いし
しかしそれから約1年後
アッ
PC

リコルドがおしゃれになってる
RICORDO
提供スピードを重視したどんぶり専門店にリニューアルされていました
PC
ペットボトル廃材をリサイクルした食器やユニフォームを採用し地産地消を心がけ規格外野菜を使用
SDGsも考えてる
食堂が全部意識高い感じになった
ヒョエー
「千葉商科大学」として使命感みたいなものがあるのかもね
学生ベンチャー食堂は「新天地」の代わりにホットスナック専門のお店ができたんだ
あれ？
じゃあ今そばとかラーメンみたいな麺類を出すお店ないんだ
たぶんそういう事業計画を練ってる学生いるだろうな…
ウォー！
きっと高い意識とアンテナを持つ学生が虎視眈々とチャンスを狙っていることでしょう
PC

千葉商科大学　市川キャンパス

千葉県市川市

Chiba University of Commerce

私立　全国大学生協連　加入(食堂なし)

市川キャンパス校舎

ロゴマーク

CUC
Chiba University of Commerce

1928年開校の巣鴨高等商業学校が戦災をきっかけに千葉県に移り、1950年に千葉商科大学に改称。「社会で役立つ実学教育」をモットーに、地域や企業と提携して学生が学びを実践できる場を提供している。

市川キャンパスの飲食店一覧

The University DINING（食堂）／リコルド（食堂）
学生ベンチャー食堂（食堂）※全店テイクアウト可能

PICK UP

The University DINING

自然界のゆらぎのランダムなリズムを木の梁で再現したという、木漏れ日のような優しい光に包まれた特徴的な空間演出は、グッドデザイン賞など数々の賞を受賞し、高く評価されている。
好きな主食と小鉢が選べるプリフィックス・ランチスタイル。

COLUMN

千葉商大生が愛して止まない唐揚げ丼

リコルドのリニューアル前に最も人気だったという唐揚げ丼と温玉唐揚げ丼は、「てりマヨ(こってり)」「塩だれ（ごま油とコショウの香り）」「手羽のたれ（甘辛）」「おろししょうゆ（さっぱり）」「オニオンペッパー(ステーキソース)」「コチュジャン(辛口)」「ゆずこしょう(ピリ辛)」「甘酢（甘酸っぱい）」の8種類からソースを選ぶことができた。一番人気はもちろん「てりマヨ(こってり)」。唐揚げ丼とすら呼ばずに「リコルド丼」とする学生までいるほどに愛されていたらしい。2023年10月のリニューアルによって毎日5種類の丼が楽しめる丼専門店になり、ソースは選べなくなったものの、唐揚げ丼は今も一番人気とのこと。

大正大学
ガモール志學亭
鴨台食堂（座・ガモール クラシック）

Taisho University

学校と地域をつなぐ
学生食堂

巣鴨駅から徒歩約5分
「とげぬき地蔵」のある
巣鴨地蔵通り商店街を
入って少しの場所に
「ガモール志學亭」がある
通りから
高座が見える

一見すると巣鴨ならではの
カフェなのかなという
雰囲気だが
高座に飾られている
「大正大学」の提灯が
ここが大正大学と
関わりがある場所で
あることを主張している
ガモール志學亭
大正大学
大正大学
ご年配の
お客さんで
いっぱいだ
ガヤ
ガヤ
ワイ
ワイ

志學亭は立川流真打である
立川志らら氏と
大正大学が共同で運営する
カフェ兼教室
トントトン
トントトン
タイコのSE
ムッ
はじまるぞ
店内には高座があり
月に数回　立川志らら氏の
落語を聞くことができる
パチパチパチパチ
この落語会は大正大学さんと
縁あって4年前から始めまして
最初はお客さまが3、4人
といった感じでした
だんだんと
お客さまも増えて
ここは温かい方が
多くて本当に
ありがたい
ことなのですが…

ここ以外でこんなに笑っていただくことないんですよ
みなさんあんまり私を甘やかさないでください
ワ（小声）
もともと駅前にあった宮崎県の物産を扱う「座・ガモール」２階のカフェで落語会をしていたんですが
それが去年今の場所に移ってくるタイミングでここを「落語茶屋」というコンセプトにしようとなったんです
広報部
魅力化推進課
間正さん
志ららさんは大正大学で教授をされていた野末陳平さんと昼メシ友達だったということで紹介していただきまして
座・ガモールの頃から月に2、3回落語会をしていただいています
落語会しまーす
呼び込みもご自分でされて

ここは大正大学が運営しているんですか？
大正大学
厳密に言いますと
巣鴨駅前商店街
庚申塚商栄会
巣鴨地蔵通り商店街
大学
この3つの商店街と大正大学が共同して
「コンソーシアムすがも花街道」という一般社団法人を立ち上げてそこが運営しております
なんかベラボーな名前だな
イエーイ
？
なんでそこに大正大学が…
大学は地域と連携して巣鴨を盛り上げる
大正
巣鴨
学生たちは巣鴨をフィールドにして学びを得る
という意図があります

ここ以外にも「あちこち庵」「ガモールマルシェ」「ガモール堂」や学食「鴨台食堂」がコンソーシアムすがも花街道の運営です
ガモール堂
座・ガモール
ガモールマルシェ
そんなにお店が
「甘酒ラテ」は元々ふつうに甘酒を出していたのを学生の意見を取り入れてできたメニューです
ミルク増やして
名前もオシャレなほうが
甘酒ラテ（ホット・アイス）
あっ すごい飲みやすい
甘酒を牛乳で割ってるんだ
飲み物では一番人気があります
食事だと何が人気ですか？
えっと…
お年寄りが多いですけど
MENU

ステーキ丼ですね…
お年寄りがですか?
意外ですよね
みなさん結構お肉を召し上がりますね…
うまい
効いてる
ケーキもおいしいですね~
ここの食事はすべて「鴨台食堂」の料理長が監修されているんです
元々プリンスホテルの料理長をされていた方で
プリンスホテルで働いてた人が学食の料理長してるんですか??

そういうわけで鴨台食堂にやってきました
完全にレストランだ
お待たせしました こちら本日のお肉とお魚のランチです
ウワー
マジのレストランのランチだ
これは…なんというか…

仙台牛のロースステーキです
すげー
絵みたいなステーキ
ランチセットのデザートです
ご豪華すぎる
これは…「学食」ですか？
酒もあるし個人的には最高ですが…
※学生はアルコール類注文できません
ステーキ＋ランチセット＋ビール
過去最高額3,650円

このついたての向こうはなんでしょう
コロナで席数減らしてるんじゃないですか
アッ　これ見てください
?
学生・教職員限定 550円でカレー おかわり自由？
サラダ付きで
サラダ付き　おかわり自由
MENU
Curry Lunch
¥550
元プリンスホテル料理長が作るカレーを？
5杯とかおかわりする子もいますよ
こんな構造になっていたとは
いいなー大正大の学生
一般レストランエリア
ついたて
カレー食べ食べエリア
学生用入口
入口
これは料理長のアイデアなんですかね
おかわり自由は

※現在カレーの提供は終了しています

そうですね
鴨台食堂　料理長
鈴木さん
うちはちょっと学生には高いけどおなかいっぱいになってもらおうということで
いや〜　仙台牛食べたんですけどおいしかったです
おっ食べた?
宮城県に大正大学の連携自治体があるんです
イエ〜イ
大正
宮城
あ　それで仙台牛が
大正大学には「地域創生学科」があり地域実習として連携自治体へ行き課題発見・解決を目指す
ガモールマルシェ
その連携自治体がある地域の特産品を扱っているのが「ガモールマルシェ」なのである

そしてその地域創生学科の「地域課題解決実践論」という授業のうちのひとつで学生が主体となって地域と関わる場となっているお店が「ガモール堂」
ガモール堂
現在はスムージーを提供している
なぜスムージーを…
うまいが
地域実習で関わりがあった農家さんが傷物の野菜や果物の処分に困っているという話がありまして
地域創生学科２年　黒川さん
※2022年9月現在
スムージーなら傷物とか関係なく使うことができるのでそれが解決できると
納得
メニューは学生が開発してるんですか？
ぼくらは運営のチームですけど
そうですね

志學亭
志
氷
「志學亭」でお客さんに試飲してもらって改良したものをここで出すということをしてます
あ　そこでつながるんだ
それぞれが別々の形で地域と関わりを持ちつつ全体が緩やかにつながっているユニークな取り組みをしているなと思いました
ところで鴨台食堂のカレー食べたことあります?
?
まあ何回か食べましたけど…
あのカレー日によって仙台牛とかラム肉が入ってたりするそうですよ
エッ　本当ですか
知らなかった
料理長が言ってました
座・ガモール
ラッキー仙台牛は入っていませんが同じカレーは巣鴨駅前「あちこち庵」で食べることができます

※「あちこち庵」は閉店　現在は京都の伝統工芸品の展示・販売を行う「座・ガモール京都館 すがものはなれ」が営業中

●起きろ辻さん
大正大学の取材が決まったときのこと
わー
せっかくだから落語会も見たいですよね？
ぜひ
そして落語会当日
あら
今日は辻さんだけなんですね
おはようございます
そうなんです保科さん都合合わなくて
どうも間正です
よろしくおねがいします
挨拶などして取材の前に落語を見させていただくことに
めっちゃ高座真ん前の席になっちゃった
おお…
トントトン
トントトン
楽しみだな～
パチパチパチ
ここ以外でこんなに笑っていただくことないんですよ
みなさんあんまり私を甘やかさないでください
落語が始まって間もなく事件は起きた
ハハハ
あー…

視界の端で
見えるけど…
コクリ…
コクリ…
辻さん
めちゃくちゃ
寝てるな…
頼む起きてくれ
向こうで見てる
間正さんにバレる
このあと取材
するのに
この近さ
志らら師匠は
絶対気づいてるでしょ
ガン見
結局演目が終わるまで
完全に目を覚ますことはなく
その後何くわぬ顔で
取材をしたのであった
いや〜
すいません
心地好い
落語は眠くなる
なんて話も
ありますけど…
ハラハラ
しましたよ
あ…志ららさんに
お話伺いますか？
目の前で
寝ててよく
その度胸
ありますね
絶対マンガに
描きます
ヤメテ
描きました

大正大学　巣鴨キャンパス

Taisho University

東京都豊島区

私立 | 全国大学生協連 | 非加入

正門

校章

2026年に創立100周年を迎える、複数の宗派が運営する日本で唯一の仏教連合大学。鴨台食堂をはじめ、地域交流の場を目指す「すがも鴨台観音堂」や西巣鴨・滝野川地域の夏の風物詩「鴨台盆踊り」など、地域住民が訪れることのできる施設やイベントが多いのが特徴の一つ。

巣鴨キャンパスの飲食店一覧

座・ガモール クラシック 鴨台食堂（おうだいじきどう）（レストラン）／カフェテリア（食堂）
CAFÉ GAMALL（カフェ）／7号館売店（軽食・弁当）

COLUMN

地域創生学科とは

現在はスムージーを提供している
なぜスムージーを…
うまいが
地域実習で関わりがあった農家さんが傷物の野菜や果物の処分に困っているという話がありまして
地域創生学科2年　黒川さん
※2022年9月調査
スムージーなら傷物とか関係なく使うことができるのでそれが解決できると
納得

日本の地域社会が抱える問題を解決するために、経済学・経営学・社会学などを学び、その知識や理論を都市と地方の双方で実践。1年生は首都圏、2・3年生は地方で最大40日間の長期フィールドワークを行い、地元住民と交流しながら、課題発見・解決の糸口を探り、地域の"課題"を解決する仕組みづくりやイベント企画のための実践力を養う。マンガに登場したガモール堂でスムージーを販売していた学生は、フィールドワークから発見した"課題"の解決を実践する実習の最中。お店に訪れるさまざまな世代の人々との交流に手応えを感じているようだった。

大学生協「生協食堂」の歴史

#08

univ.co-op

学生たちが普通の食事を
手に入れるまでの奮闘の歴史

「大学生協（大学生活協同組合）」
いわゆる「生協」

利用者が出資金を
出し合い組合員となり
運営・利用する協同組合

1900年頃に設立され
元々はむかし非常に高価だった
ノートを共同購入するための
組合だったという

現在の価格だと
1冊1,000円
前後

学生食堂を始めたのは
終戦後のことであった

どうも
学食研究会です
ジャーン
おお
あなたたちが
学生食堂の取材にあたり
「とりあえず学食に詳しそうな
人に話を聞いてみよう」
という編集部の提案により
いろんな学食に
行ってランキング
付けたりしてる
みたいですよ
へ～
早稲田大学「学食研究会」の
メンバーにお話を伺いに
早稲田大学にやってきました
早稲田大学
早稲田キャンパス

学食研究会は1999年発足のいわゆるインカレサークル※
※他大学メンバーと共同で活動するサークル
主な活動は学生食堂の食べ歩きです
食堂
放課後や土日に集まって学食に行って…
味・量・安さ・雰囲気・健康度と主観的な感想をもとに5段階評価してランキングを付けてこういう本にしてます
学食図鑑
え〜〜〜楽しそう
東洋大学が人気ですねぇ…
運営会社とかカレーの値段を比較してるの芸が細かいな〜
フムー
学食研究会的には早稲田の学食はどうなんですか？

う〜〜〜〜〜ん
そ…そういう感じなんですか?
いや〜早稲田は生協なんで…
フム
生協
学食に生協が入ってる学校は多いんですけど
正直そんなに学校ごとに違いがないんですよ
おいしいですけど
あれ でも「大隈ライス」とかありますよね?
生協でも名物メニューはあったりするんですけど…
う〜ん

それ以外は
ほとんど同じで
ご当地感があまり
ないというか
ねー
まあ
食べ歩きが
目的だと
そうなるか…
ありがとう
ございました
学生にとって
生協の学食は
普通すぎるらしい
確かに早稲田のように
近隣の飲食店が充実した場所だと
そっちに人気が集まるのも
無理はないのかもしれない
そこらじゅうの
お店に学生の
行列ができてる
お弁当屋さんの行列
ガッツリ系ラーメンの行列
洋食屋さんの行列
昼時の早稲田大学周辺
でも　学生の人気とか
関係なくいろんな学校に
あるわけだから何かしら
歴史とか理由が
あるはずですよね
たぶん
生協
気になる
な～
取材して
みましょうか

というわけで生協と生協食堂について歴史など詳しく教えていただきたいのですが…
なるほど
全国大学生協連
広報担当　田村さん
それでしたら生協の生き字引みたいな人がいるので紹介しましょうか
生き字引？
2019年に大学生協連は法人化から60周年を迎えたのですが
60
UNIV. CO・OP
その歴史をまとめ監修をされた大久保さんです
どうも大久保です
よろしくおねがいします
元大学生協職員
大久保さん

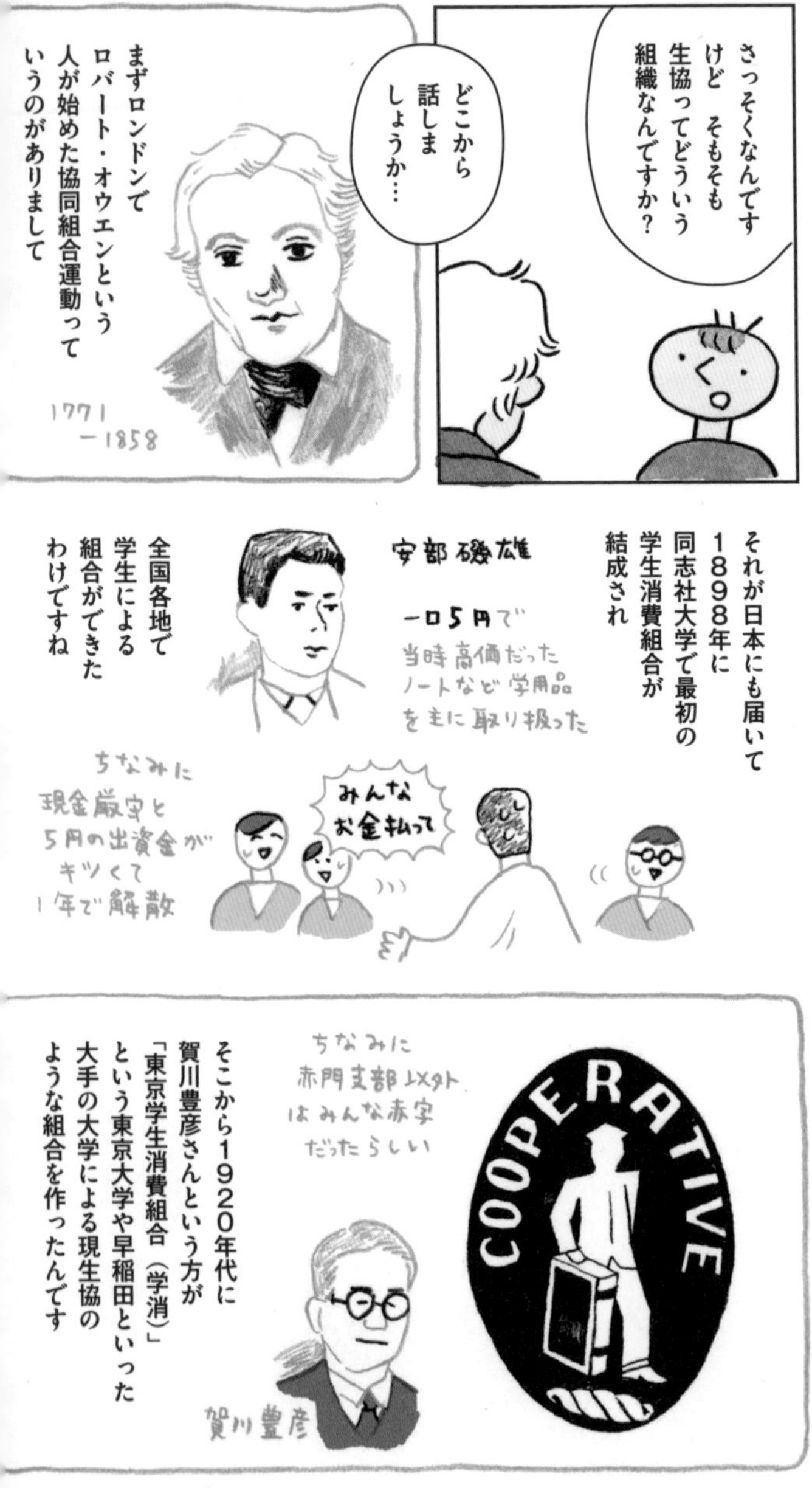
さっそくなんですけど　そもそも生協ってどういう組織なんですか？
どこから話しましょうか…
まずロンドンでロバート・オウエンという人が始めた協同組合運動っていうのがありまして
1771
―1858
それが日本にも届いて1898年に同志社大学で最初の学生消費組合が結成され
安部磯雄
一口5円で
当時高価だったノートなど学用品を主に取り扱った
全国各地で学生による組合ができたわけですね
みんなお金払って
ちなみに現金厳守と5円の出資金がキツくて1年で解散
そこから1920年代に賀川豊彦さんという方が「東京学生消費組合（学消）」という東京大学や早稲田といった大手の大学による現生協のような組合を作ったんです
ちなみに赤門支部以外はみんな赤字だったらしい
COOPERATIVE
賀川豊彦

それが1939年に
いわゆる弾圧ですね
協同組合が禁止されて
すべて特高警察に
解体されます
全部
そこから日本は
戦争の時代に
突入していきます
もともと大学は教師と学生が
協同組合的に学校を作って
同じ立場で学ぶものという
風土があったんですね
南原繁
創立
東京帝国大学
協同組合
ウオー
ワー
学生たち
そういった経緯もあり
終戦後1946年に
当時の東大の総長が
東大協同組合の
理事長に就任します
そして学生たちが参加する形で
農学部が食堂を作るんです
ごはん
最高!
ウオー
ワー
ウオー
ワー
そこから戦後の
協同組合が
始まるわけです
学食から
生協が復活
したんですか?

戦前は学食って生協でもなかったんでしょうか
そうですね食堂を作るためにはやはり設備とそのための資金が必要になりますから
それまでの学生の食事は寮などで賄うことがほとんどで学生食堂がある学校自体少なかったようです
食堂
そういえば慶應の山食も「山小屋みたいな食堂」だったらしいからな
それが戦後食堂から生協が復活したというのはなぜ…？
やはりすべてが焼けてしまったので食べる場所を作るところから始める必要があるわけです
学生たちがまず最初に何をしたかというとご飯を炊く「釜」を作るところから始めたそうです
あ〜〜そうかそこからないんだ…

そして戦後の物価統制で
「米」「紙」この二つが
確保できないので
まずこれを獲得する
必要がありました
米
NOTE
本
紙
統制下だとまず
食料も物品も
大学によっては
手に入れる権利
そのものが
なかったんです
メシが食えない
勉強道具も
ない
たすけて
その権利を獲得するために
学生が連帯する必要が
あったんですね
1946年6月に発足した
東京帝国大学協同
組合を中心に
ウオー
食
各大学の学生食堂を
運営する「学生食堂連合会」
協
本
書籍購入ができる
「学生図書協会」
この二つと連携して全学協という
大学生協連の前身となるものが
できるわけです
ジャーン
全学協
へー
ところで食料とか
物品を手に入れる
権利がないって
どういうことですか

配給を受ける権利ですね これを東大は 持っていたようです
配給
米
早
東
だから たとえば 権利を持たない 早稲田なんかは どうしていたか というと 東大生協から 食料を仕入れて いたんですね
あ そういう ことか
あと東大は農学部の農場の 作物を生協に回したり
thank you
東
ウォー
米軍の関係者から食料を 手に入れるということも していたみたいで たとえばカレーも食べられて いたようなので おそらく海軍から 手に入れたんじゃないでしょうか
早稲田の関係者から伺った話では 昼前にカレーの用意をしていると みんなお腹をすかしているから たいへんで
カレー!?
カレーだ
ワー
ワ〜
カレー
カレーのにおいで 授業にならないから カレーをやめろ
なんて苦情が きたそうです
えー

しかし そんなことが全国的にできたかというとそうではなかったでしょうからいろいろ大変だったと思います
地方は大変だったでしょうね
フーム
ガリ版で作る
そういった紙と米の確保以外にも教科書を作ったり学費を得るためのアルバイトの紹介もしていたという記録があります
1948年には256くらいの大学が加入していました
すげー
しかし1949年には26くらいまで減り壊滅的な状態になります
えー
ガーン
なくなってきたんですね
自分で買うよ
つまりわざわざ生協に加入する必要がなくなるわけです
イヒヒ
戦後4年くらいの間に
スピード感やばいな
この状況を受けて1950年頃から組織を再建する動きが始まります

1957年に「比叡山大会」という生協の歴史において転換点となる会議がありまして
大学生協運動の柱
① 教育環境整備
② 消費者運動
③ 平和と民主主義を守る運動
ひえいざん
つまり生協が今後どういう組織として活動していくのかを定義したわけです
東大や早稲田・慶應・中央といった大きい大学の生協が中心となり学生による活動の重要性を訴えて生協をどんどん増やしていきました
東
早
慶
中央
ワー
ワー
ワー
その活動の核となったのが「書籍の割引」と「10円牛乳」です
あと学生の要求を実現させたさまざまな商品や取引先の開発
MILK
BOOK
10% OFF
10
10円牛乳？？？

当時の学生にとって
食事の選択肢というのは
少なかったんですよね
主に金欠のため
高タンパク
MILK
カリウム
ビタミン
カルシウム
マグネシウム
そんななかで
栄養価の十分な
ものという意味で
牛乳は優れた食品
だったんです
手軽で栄養価の高い食品である
牛乳を地域生協や農協と協力して
安価で学生に提供できるように
したんです
牛乳くださーい
ヒー
学生の人数分用意する
昔は瓶で
しかも木の箱で
運ぶから相当
苦労したと思い
ますね
イヒヒ
また今もですけど書籍って割引が
できないんですが　生協では
割引できるように公正取引委員会に
提訴したんですね
生協は
1割引
BOOK
いい本
おねがい
します
1946年から
1957年を
1期としたら
ここまでが
2期ですね
ここから1969年
にかけて経済成長と
ともに生協は再び発展
していくのですが

しかし1970年頃から
学生運動が盛んになり
生協と大学は対立する
ようになります
この頃の影響で
生協がない
学校もあります
大学内の組織だった
ものが巨大化して
大学と分離していった
感じなんですか？
大学
生協
大学
生協
そうですね
そんな状況で
1976年に
福武直という
社会学者の先生が
大学生協連会長になります
この福武先生は
東大の学部長であり
学生部長も
やっていた方で
大学当局の動きと
学生の動きをよく
ご存じだったんです
「会長所感」と
言われるもの
それで
大学生協の
あり方を原点に
立ち返るように
訴えかけます
※イメージ

生協は大学と闘争して要求を勝ち取るのではなく大学と協力して存在すべき組織であると明確に定義したんですね
コラッ
大学
生協
大学
生協
こうして現在までの大学生協のあり方が確立されたわけです
で
食堂のあり方もこの頃戦後の食料確保の流れから変わってきます
食料確保
戦後〜1976ごろ
食事の安定供給
主食・主菜・副菜が揃った食事
「外食」ではなく家庭で食べられるような「内食」をしっかり学生に安価に提供するという方針を強めることとなるんですね
これによって1980年代から定食形式ではなくカフェテリア形式にリニューアルすることになります
こういうやつ
あ　それが今まで続いてるわけですか

また2000年代には
中国・四国地区の生協が
「ミールプラン」というものを
提案します
2002年
うちの子の食事をよろしくおねがいします
エー
1年分の食券を買う保護者が現れる
外食産業と競争するなら生協が食堂をする意味とは…?
安い
うまい
早い
要するに学生が仕送りなどを
食費以外に使って食生活が極めて
荒れてしまうのをどうにかしようと
これをきっかけに「食育・ミールプラン」政策を起案
1年分の食券を
セットにして
販売したんですね
MEAL CARD
学食のサブスク
電子カードにチャージして利用する
現在では栄養表示も
インターネットで
確認できるように
なっています
CO・OP
レシートでも見られる
それと食事をより安定して
安価に提供するために
プライベートブランドを
作る取り組みも
しています
CO・OP
唐揚げなど学生に
人気のあるものは
生協のPB商品が
ありますね
やったぜ!!
ジャン
80年代からの
発展すごく
ないですか?

概要としてはこんな感じですが参考になりそうですか
めちゃくちゃ参考になりました
いろんな出来事を経てきたからいまの生協と食堂があるんですね
ZOOM取材
また何かあればなんでも聞いてください
貴重なお話をありがとうございました
うーんいい話を聞いた
さんぽ
あんな話を聞くと生協の唐揚げとごはんが妙にスペシャルに感じるな〜

食料を確保するための組織化
再建の核となった10円牛乳
学生運動の時代を経て組織としてのあり方を確立した後のめざましい発展
生協の学食と時代の背景は切り離すことができないのであった
UNIV. CO-OP
BOOK
MILK
10
MEAL CARD
そういうわけで
今回はページ数がめちゃくちゃ多くなってしまいました
増田さんこれ描くの大変じゃないですか…?
たぶん大丈夫だと思います…
全然大丈夫じゃなかったです生協の歴史の重みをページと文字量から感じてください

#09

東京大学
ルヴェ ソン ヴェール
駒場

The University of Tokyo

ただの贅沢な食堂じゃない
学校に本格フレンチがある意味

テーブルにセットされたカトラリー
よく冷えたワイン
水がボトルで来た
グランドピアノだ
マジのフレンチレストランが学校にある
これが「東京大学」ってワケか…

ルヴェソンヴェール 駒場
東京大学・駒場キャンパス構内で2004年から営業しているブラッスリー※
※庶民的なフランス料理のお店
マジで全然フランス料理とか食べないから何したらいいかわかんない…
逆に笑顔状態
とりあえずサラダビュッフェ取りに行きましょう
全然サラダだけじゃなくて白菜煮込んだやつとかグラタンまである
手作りのドレッシング全部おいしそう〜
パングラタン
白菜のブレゼ（蒸し煮）
豆各種
サツマイモのマリネ
京野菜のピクルス
スイス
ゴマ
ライム
手作りドレッシング
キャロットラペ
レタス
etc…

Plat du jour
お野菜料理のサラダビュッフェ付き
日替わりランチ
1,200円
※現在は1,500円
お代わり自由
なんかとりあえずビュッフェ全種類とっちゃった
気持ちわかります
Bランチ（魚料理）
Aランチ（肉料理）
本格的ですね〜
うーん
Cランチは野菜料理

こちらコース前菜のパテ・グランメール（豚肉と鶏レバーのパテ）です
Menu Déjeuner
ランチコース
2,800円
（+サラダビュッフェ750円）
うちでは定番のフランスの伝統的なシャルキュトリ（食肉加工品）ですね
メインの豚肉とクリームチーズのクロケットです
ワー
う 美しい
グラスワイン
700円

ランチコース
デザートのムースと
焼き菓子です
食後にコーヒーか
紅茶ありますが
いかがなさい
ますか
じゃあ
コーヒーを
紅茶で
フィー
エッ　いま何が
起きてますか？
ワイン片手に
フレンチを
堪能してしまい
ましたが
これまでと
「おなかいっぱい」の
種類が違いますね…

お酒の充実度ハンパないですね
お飲み物 Boisson
生&瓶ビール
白ワイン
赤
スパークリング
ドライシェリー
キール
etc
お酒は結構ちゃんとしたお値段だなあ
ソムリエチームおすすめのワインから食前酒にカクテルまで揃ってますよ
これ「学生食堂」ですか?
う〜ん いちおう学校にあるから…
あ〜 学生食堂って感じではないかもですね
ルヴェ ソン ヴェール
副総支配人 高橋健太さん
できたきっかけはどちらかというと大学の福利厚生施設的なものとしてなんですよね
それを地域の方にも開放してるというか
えー

ここを運営している
「円居（まどい）グループ」が
もともと京都大学の近くで
営業していた洋食店でして
※イメージ
当時は学生たちの
溜まり場だった
クラシックを中心に流す
名曲喫茶でもあったことから
1961年創業
そこの3兄弟全員
楽器と料理ができるように
教育されたそうです
アエ〜イ
スゲー
なんと
やがて代替わりして
フレンチのシェフになった
兄弟がそれぞれ社長や専務になって
フレンチのお店になり
むかしクラシック喫茶時代に
来ていた学生さんが
東大の教授になっていて
2004年
オープン
この建物が改装
されるタイミングで
出店の声が掛かった
みたいですね
へー
もともと学生と
関わりがある
お店なんですね

あ　もしかして
それで店内に
ピアノがあったり
するんですか
そうですね
クラシック喫茶の名残で
生演奏を聴きながら
食事ができるイベントを
してたりします
いまコロナで
やってない
ですけど
優雅
ですね～
学生の利用って
どれくらいあるん
でしょう
学生さんは
2～3割くらい
ですかね
近隣の方が
多いです
ごほうび
だいたい4～5月が
多くて　あとテスト
終わりなんかによく来ます
あとディナーも
やってるん
ですけど…
それをデートに
使う学生さんも
いたりしますね
キャー
かわいい

やっぱり学内にあると
学生にとっても気軽に
フレンチに触れられる
場所なんですかね
「東京大学にある」
という意味は
よく考えます
ここで初めて
ちゃんとした
フレンチを食べる
という子も結構いるんですよ
えーと
将来政界や経済界など
フォーマルな会食の
マナーが求められる
仕事に就く人も実際
いますから
ハハハ
ナイフとフォークの
食事に慣れる
機会にはなるかな
とか
あと授業も
ありますね
授業？
？
駒場キャンパスは
主に教養学部の学生が
通う場所なんですけど

フランスの食文化から
歴史や文化史について
講義に協力することが
あります
「学校の中にある
レストラン」が
やることを
超えてません?
そういえば
お酒がめっちゃ
充実してますけど
学生も飲むん
でしょうか
いや　ここは
基本的に1・2年生が
通うキャンパスで
未成年が多いので
学生には出さないです
基本的に一般の方や
教職員さん向けです
イメージ
それでソムリエまで
いるってすごくない
ですか?
あ　それは
円居グループが
あるので

京都から東京に来たのを皮切りに都内でもフレンチレストランをいくつか店舗展開していたり
ルヴェ ソン ヴェール
本郷、南大沢
学外にケータリングサービスすることもあります
グループにソムリエがいるんです
La Tour
京都 ベジバル
京都や名古屋にもレストランやバルを展開してますし
京都大学にも円居が経営するレストランがありますよ
名古屋 ムッシュ いとう
めっちゃ手広い
イエ〜イ
あ そうか シェフ3兄弟でやってるんだ
そりゃ手広くできるわけだ
みなさんフレンチ界では名の知れたシェフだそうです

学生の溜まり場から本格的なフレンチレストランに転身し
それが学校にあることで学生にとってはテーブルマナーから音楽や食文化を体験として得られる場になったとんでもないレストランルヴェ・ソン ヴェール
学校の思い出の味がフランス料理だったりするのか
やっぱ東大はすげーな
バカの感想ですいません
正直 取材経費でフランス料理食えてラッキーとか思ってたのが恥ずかしいっすわ…
そんなこと思ってたんですか
ただの「東大にあるフランス料理店」じゃない！ぜひ東大生になったつもりで行ってみてください

東京大学　駒場Ⅰキャンパス

The University of Tokyo

東京都目黒区

国立　全国大学生協連　加入

正門

東京大学の1～2年生が通う東大駒場キャンパス。
もともと旧制一高の敷地だったものを、1935年に当時の東京帝国大学農学部が取得した。
歴史と威厳を感じさせる当時の建物も複数残っている。

駒場Ⅰキャンパスの飲食店一覧	ルヴェ ソン ヴェール 駒場（レストラン）／ Cafeteria 若葉（生協食堂） Dining 銀杏（食堂）／ CAFETERIA KOMOREBI（コーヒー・軽食）　etc

PICK UP

ルヴェ ソン ヴェール橄欖　Lever son Verre Kanran

ルヴェ ソン ヴェール駒場2階のフレンチレストラン。一階がブラッスリー（庶民的なフランス料理のお店）であるのに対して、こちらはランチ5,000円からの高級レストラン。店名になっている橄欖（かんらん）はオリーヴのことで、東大教養学部の前身でもある旧制一高の校章にも使われている。こちらも東大外部の一般客でも利用できる。この建物自体が東大のファカルティハウスであり、ほかに海外からの研究者のための宿泊室もある。

COLUMN

学食あるある・意外と子連れのお客さんがいる

外部に開放している学食では度々子連れのお客さんを見かけることがある。ルヴェ ソン ヴェール駒場に伺ったときも、ひと組ベビーカーを連れたご家族がいてランチを楽しんでいたし、そういえば自分も小さいときに、東京藝大の学食に弟と一緒に連れて行ってもらった記憶がある。店内や席が広くて昼時の混み合う時間以外は空いていて、一般的な飲食店よりも味付けが優しいことが多いし、アレルギー表示がしっかりしていたり、メニューも豊富でなにより安いので、確かに学食は子連れの人にとってもかなり優しい場所なのかもしれない。

東京大学
中央食堂

The University of Tokyo

巨大地下食堂で
東大生が選ぶ食事

るんじゃ
ないか
近道って
ことか……
わざわざ
ヤヤコシク
する東大者
麺がのびて
しまうじゃ
ないの

1946年　戦後の食糧難の時代
学生たちが参加する形で
東大農学部に食堂ができる
ごはん最高！
ウオー
ウオー
ワー
「学ぶことは食うこと」
文字通り勉強するために
食事の確保は必須であった
1968年
御殿下グラウンドに
厚生センターを作る
構想が発表される
8年の歳月を経て
本郷厚生センターとして
第二購買部とともに
安田講堂の地下に
「中央食堂」が開店した
大学の地下に
こんな空間が
学食って
いうか…
基地？？？

へ〜〜〜
こうなってんだ
めちゃくちゃきれいですね
へ〜
2018年にリニューアルしたんです
リニューアル前に来たかった〜
中央食堂　店長
宮下 史矢 さん
『孤独のグルメ』にリニューアル前の中央食堂が出てるんですよ※
かも
ややこしくしてるのかなぁ
定食取りに行ったりしてる間に
定食はこっちの階段で麺はあっちの階段って
しまうじゃないの
キャー
あ…
なんだなんだ下でつながってるんじゃないか
近道ってことか……
やたら学食のシステムに文句言う井之頭五郎
わざわざややコシクする東大者
へー
※『孤独のグルメ』

赤門ラーメンを食べてて
ぶつぶつ言いながら
なんですか赤門ラーメンて
ふーん
ずるっ!
うん
生協食堂の名物メニューです
中央食堂では一番よく出るメニューですね
「我こそが赤門ラーメンを作った」と言う人 3人くらいいるんですよ
おれが作った
おれは餡を赤くした
原形を作った方やブラッシュアップした方が何人かいて今もうver2.5くらいなんですけど
歴代店長のみなさま
そんなに改造してるんですか
外部のお客さんはそのままで食べてることが多いですが
ニンニク
ラー油
コショー
酢
韓国唐辛子
いろいろ調味料用意してるんで
オラー
ドバドバ
食べ慣れた学生は韓国唐辛子とラー油をたっぷりかけて食べます
え〜じゃあ学生流で食べてみようかな

赤門拉麺
490円
※現在は514円
これは本当に手間暇かけてまして
赤門ラーメンに合うようにラー油も手作りしてるんですよ
ジャー
丼も赤門ラーメン専用なんです
食べ終わるとロゴが出てくる
赤門拉麺
そこまでします???
リニューアル前はかなり手の込んだものが多かったんですよ

昨今ですと大量調理・スピードのためにどうやって加工度を上げていくかってところなんですけど
肉や野菜は切ってあるものを仕入れる
カット ほうれん草
揚げ物は冷凍食品を活用
赤門ラーメンは昔の名残があるメニューですね
いや〜辛くないかな…
あっ うまい
辛いけど「旨辛」って感じで辛さより香りがくる
そんで白い服着てたら終わるな
学生さんにも来訪されるお客さんにも一番食べられます
麺ハーフ
赤門!
そういうツアーがあるのか外国の観光客の団体さんが来たりしてました
WOW
OH〜
可口的
맛있는
へー

修学旅行生が400人くらいアポなしで来てしまったときはさすがにお断りしましたが
引率の先生が顔真っ青になってました
えっ
なんだなんだ
ハラへった
それは先生しっかりしてくれ
ひと学年全員じゃないですか
で　みなさん問答無用で赤門ラーメンですね
オープンキャンパスのときとか
赤門
赤門
ヒー
学生はもう赤門ラーメン食べ飽きてたりしないんですか
あ〜
それで言うと赤門ラーメンの食数に匹敵したメニューがあるんですよ
えっ
※イメージ
鮭丼(シャケ)です
シャケ？？？

鮭丼
515円
※現在は586円
サーモンの
ユッケ丼
みたいな感じ
なんだ
うまい
学食で
ナマモノが
あるの珍しい
ですね
へー
「鮭丼」は
女子学生からの
人気が高いんん
ですが…
FISH
魚を食わせろ
魚
ウオー
東大のみなさま
応えられない
状況が起きてしまう
くらい他大の生協食堂
より魚の要望が
かなり多いんです
そういえば
焼き魚定食も
売り切れてたな

そもそも
東京大学の学食って
生協食堂の中でも
けっこう特殊でして
他の大学の
食堂の利用動向って
麺と丼に偏るんです
それはもう
圧倒的に
1日の皿の総点数を客数で割った数を
「取り点数」と言いまして
これが東京地区では普通だと
「2」とかなんですけど
取り点数
3
いったぜ!!
中央食堂の場合
これが「3」とか
「3・2」なんです
すごい
つまり…
ガーン
つまり
どういう
ことすか
ズコー

つまり定食だったり小鉢とか野菜を取る量が多いんです
脂質多いな
タンパク質少ないかも
自分でバランスを考えて　頭使って食べてる感じがあります
そうなると値段が高くなりませんか?
客単価は高いですね
あー
ちょうど一品多くとれるくらい
東京の平均が430円なんですけどうちは500円くらいです
平均年齢が高いというのも関係していると思います
駒場では
肉
大盛
からあげ
丼
だった人たちが
魚たべたい
野菜
バランス
になるという
本郷キャンパスは3年次以降の学部生と院生や教職員の方もいらっしゃるので

ここの2階のカフェやメトロ食堂でお酒を提供してたこともあります
※取材当時はアルコールの提供を休止していましたが現在は再開しています
食堂って食事だけではなくてコミュニティの場としてどう機能していくかっていうのが課題にはなるので
「ひとことカード」でもその時の情勢とか世論に関係するような切り口でかなり厳しいご意見いただいて苦労してます
ヒー
ぜんぶ応えてます
海外からきた学生からの意見もありましたね
だいたい学食の話って「安くておなかいっぱい」になりがちなんですが…
そこはかとなく日常的な食事に対する意識の高さを感じる…
たまに「スタミナ丼最高!」みたいなのあると安心する
そういえばハラールメニューもありましたけど
?
あれはリニューアルから出してるんですか

もともと第二食堂が
ハラールは
強かったんですよ
というのも
礼拝堂が二食の
建物の上に
あるので
お祈り→食事の
導線ができてたん
ですね
でも大学も
留学生が増えてきて
より多様な食環境を
提供できる食堂に
するべきだということで
当時駒場食堂もやっていた
「1日200種類メニュー提供」
というコンセプトで
リニューアルしたんです
ヴィーガンメニューも
第三者機関の認証を
取得してなおかつ
誰が食べても
おいしいものを
目指しました
ムムム
マジで
普通に
うまい

生協食堂でこんなにいろいろできてるって珍しいんじゃないですか？
イエーイ
ここは職員数が多いのでできることも多いですね
それはやはり学生さんがよく利用するからですか
そうですね1日トータルで3000人とかコロナ前で最大4100人くらいですかね
よんせん
ヒー
利用頻度も週3・4回と多いですし
DAY1 定食
DAY2 丼
DAY3 ラーメン
DAY4
昼夜使われる学生さんも非常に多いです
図書館も9時まで開いてますし

学校で一日中勉強や研究をしてるのか
ウーム
ウオー
さすが勉強するために食堂を作った学校の人たちなだけあるな…
いつの時代でもマジで勉強しようと思ったら自然と食事に対しても真剣になっていくのかもしれないですね
食堂の運営で心がけてることとかありますか
1℃でも熱く出す とか
いらっしゃいませ と ありがとうございますは 気持ちよく言おうね とか
意見をくれる学生さんが多いので逆にこっちからアンケートをとったり
基本に忠実にやるっていうことですね
そしてその学生に真摯に応える職員さんたちによって巨大な学生食堂は日々アップデートを繰り返し食生活を支え続けるのであった
智に働けば角が立つ情に棹させば腹が鳴る…ってか
リニューアル前の様子が気になる方は『孤独のグルメ』2巻読んでみてください
唐突なパロディやめてもらっていいですか

僕明大だったんで京王線を使ってたんですけど…
書籍編集担当
ホリコシくん
●東大だから
駒場東大前駅で乗ってくる学生がいると
駒場東大前
あっ東大生だ
なんか妙に「東大」を意識しちゃってましたね
わかるわかる
ワハハ
おれも「東大の学食」ってかなり身構えてたけど実際にはほぼ生協だから普段の食事は他とそこまで変わらないんだよね
その生協の創立の根幹に関わってるんだからすごいけど
ルヴェ ソン ヴェールの高橋さんもかなり意識してたな
東京大学にあるという意味はよく考えます
将来政界や経済界などフォーマルな会食のマナーが求められる仕事に就く人も実際いますから
ハハハ
これなんて若者全員そういう可能性あるのに…
まあ確率は高いかも
そこまで「他とは違う」とか思わないほうがいいんだろうけど
うーん
でも確実に勉強はできるからなんか期待しちゃうよな
駒場東大前
?
がんばれ東大生

●生協食堂がカフェテリア形式になるまで
食堂のあり方もこの頃
戦後の食料確保の流れから
変わってきます
食料確保（戦後～1976ごろ）
⇓
食事の安定供給
「外食」ではなく
家庭で食べられるような
「内食」をしっかり
学生に安価に提供する
という方針を強める
こととなるんですね
主食・主菜・副菜が揃った食事
1980年代から
大学生協が方針を変え
食堂を定食形式から
カフェテリア形式に
リニューアルしたと
いうのは本編の通りですが
※p123～　大学生協の歴史参照
『東大生協二十五年運動史
苦節四半世紀』という
本によると
1957年春、
食堂の献立に
一大変革がおきた。
定食
ウォー
第一食堂における
定食制の採用である。
定食が
一大変革？
どうやら初期の生協食堂は
十数品の献立が並ぶ
ある意味現在の
カフェテリアに近い
スタイルだったらしい
100
60
200
めし
親子丼
カレー
そういえば
古い食堂で
おかずを選ぶ
ところあるな
しかし豊富な選択肢が
食堂の混雑を誘発し
えーと
えーと
また迷った末に同じような
メニューしか選ばれず
栄養も偏りがちだった
これで
いいや
これらを解決するべく
採用されたのが
あらかじめ数品の
惣菜を付けた食事
SET
すなわち定食制である

しかし東大では食堂と席数の少なさから昼の混雑は続いたという
1976年に中央食堂がオープンし混雑が解消されたあとも東大は定食制のままだった
定食はこっちの階段で麺はあっちの階段って
もしかして『孤独のグルメ』これの名残食べてたの？
一方　多くの生協食堂は1980年代にカフェテリア形式にリニューアル
中央食堂も2018年に現在のカフェテリア食堂になった
これってつまり何を食べるか迷ってた時代から
80年代までに学生にも栄養とか食事の知識が増えてきて
脂質多いな
タンパク質少ないかも
自分が食べるものを考えて選べるようになったということなのかも
グー
腹へったメシどうしよ
まあラーメンでいいか
食事はバランスよくとりましょう

東京大学　本郷地区キャンパス

The University of Tokyo

東京都文京区

国立	全国大学生協連	加入

中央食堂

明治18年、都内に散らばっていた医、法、文、理の４学部を集めて出来たのが本郷キャンパス。
赤門や安田講堂、三四郎池など「東大といえば」なスポットが点在。
現在は３年生以上と大学院生が通っている。

本郷地区キャンパスの飲食店一覧

銀杏・メトロ食堂（生協食堂）／日比谷松本楼（レストラン）etc
※学生や教職員が多く利用する時間帯（11時30分～13時30分）は避けてご利用ください。

COLUMN

学生食堂ができる前

参考：「三省堂選書 172　戦前学生の食生活事情」上村行世　著
編者 上村行世　株式会社三省堂　1992年11月1日発行

学生食堂が登場し始めるのは大正時代に入ってから。それまで学生の食事は自炊や外食のほか、食事付きの寮や下宿で食べるものだった。特に戦前は、寮生活が人間形成に持つ意義を重視して、旧制高校などで全寮制をとる学校が多かった。

寮の食堂の様子は凄まじく、食べ盛りの学生たちがおかずを取り合い、寮の食事（賄（まかない））を担当する業者が作る料理のまずさや対応に腹を立てて、改善を求めてテーブルや食器をひっくり返し大暴れして抗議する「賄征伐」が度々起きた。そのうちによりおいしく安価な食生活を求めて、学生たちによる食堂の直営（自炊制）に移行するようになり、実際良くはなったものの、炊事を担当した学生たちは成績がガタ落ちしたり落第したりしたらしい。

下宿には営業化された「下宿屋」と、一般家庭の空き部屋に学生を住まわせる「素人下宿」があった。下宿屋の食事は粗悪でまずいというのが定番だったが、素人下宿では文字通り家庭的な料理がふるまわれ、家郷を離れて暮らす学生たちのおなかと心を満たした。

また、昼食は弁当を用意していなければ寮や下宿に食べに戻る必要があった。キャンパス内に寮があればともかく、午後の授業に遅刻しないように空腹を我慢したり、どうにかダッシュで下宿に戻り、昼食を食べて帰ってくることを試みる学生たちの様子が目に浮かぶ。

そんな環境を整えるために、誰でも利用できる「学食」が誕生したというのは想像に難くない。学食ができてからは、食事付きの寮や下宿ではなく部屋を借りて、３食とも学食を利用する学生もいたとのこと。

大阪大学
図書館下食堂

#11

Osaka University

伝統のデカ盛りメニュー
「てんま」のカロリーは
減らせるのか？

大学生協には
それぞれの大学に
オリジナルメニューが
よくある
たとえば早稲田大学の
「大隈ライス」や
東京大学の
「赤門ラーメン」など
なんとなく
お堅い
イメージが
あったけど
同じ大学生協でも
学校ごとの独自性を
出すことにわりと
前向きなんだな
そしてここ
大阪大学にも
代々伝わる
名物メニューがある
大阪大学　豊中キャンパス
図書館下食堂

ドーーン
おお　これが
館下天津麻婆丼…
通称
「てんま」
要するに天津飯と
麻婆豆腐を合体させた
ザ・わんぱく
メニュー
麻婆
天津あんかけ＋
＋　天津卵
ごはん
当時のパートさんが
以前に中華屋
さんで働いて
いたことが
きっかけという噂が
あるとかないとか
1990年頃に
まかないとして誕生した
提供に時間がかかるため
当初は昼〜夜の間の
閑散時間帯限定の
販売だったが
学生からの
熱い要望に応え
時間帯の制限をなくす
「天津麻婆」専用レーンが
爆誕するほどの人気メニューに
定食・天津麻婆 主食 ごはん
麺類 カレー・丼
←定食・天津麻婆・主食・ごはん
麺類・カレー・丼→

いったい何がそんなに学生を引きつけてやまないのか
卵がふわっふわ
麻婆豆腐が結構スパイシーですね
旨辛って感じ
いや〜それにしても
これが1200kcalとはね…
恐ろしい…
1226kcal たんぱく質 42.2g 脂質 63.7g 炭水化物 110g
これはごはんが多いってことなんですか
卵も結構使ってますよね
何が恐ろしいって天津飯のあんかけでスルスル食べられてしまうという
流れ込むカロリー
ヒイ
ごちそうさま…

これ吹田キャンパスにもあるんですよね
う〜ん そうですね…
2008年に「総代会分科会」の議題として取り上げられ工学部総代から
吹田キャンパスでも出して
という要望があったとかなかったとか
賛成
いいね
※イメージ
図書館下食堂 店長 向 美穂さん
その際 吹田はオリジナルレシピとすることとなる
吹田てんま
館下てんま
なのでまったく違うレシピなんですよ
人気で言ったらどっちが人気ですか
どちらのキャンパスでも人気ですよ
イエーイ
吹田
館下
吹田のほうがまろやかで館下は少し辛いそうです
また教職員から
カロリー落とせない？
という要望が出たこともあったという
ムム
わかる
小さい盛りにすればいいんじゃないですか？
単純に
昔はあったんですが…

量が変わると味も変わっちゃうのでなくなりました
「無理」だったそうです
カロリー < 味
サイズ展開は考えてません
結局何がこんなにハイカロリーなんでしょう
あんかけ
マーボー
天津卵
ごはん
?
卵って何個使ってます?
3〜4個は入ってると思いますね
1つあたり約76kcal
228〜304kcal
うーん
ウワー
でも意外とカロリーは低いな
中華鍋で一人分ずつ奇麗においしそうに卵を焼くっていうのはこだわってます
てんまのためにコンロ2台が占領されている…

これが561円なんだからそりゃ人気なわけだわ
麻婆豆腐
あんかけ
卵3～4個
大盛りごはん
目に入る男子学生がみんなてんま食べてますよ
これだけ愛されてるとレシピを教えてほしい学生さんもいるんじゃないですか
たまにいますね
それってお聞きすることできませんか
エへへ
レシピは公開してますよ
1～2年前のツイートですけど
秘密じゃないの？

天津麻婆丼
①【麻婆豆腐】材料（4人分）
作り方
ほんとだ あんかけも 麻婆豆腐も 作り方ある
麻婆豆腐に もやしとか 入ってるの 珍しいですよね
てんま用に 作ってる 麻婆豆腐 なんですよ
へ〜
ハッ
そのときふと ある考えが浮かんだ
もしかしてこれを アレンジして カロリー控えめ 「てんま」が 作れるのでは…

そういうわけで後日自宅で作ってみることに
フム
まずはレシピ通りに作ってみよう
でもその前に…
いっぺんカロリーを計算しておこうかな
えーと
ん?
なんかレシピ通り計算すると既にちょっとヘルシーなんだけど
?
たんぱく質と脂質が少ないな
卵が3個って書いてあるけど4個くらいと仮定して
3~4個は入ってると思いますね
OIL
卵を焼く油を多めにするとカロリーの収支が合う
あの感覚は正しかったのか

①麻婆豆腐（4人分）を作る
えーと
とりあえず
調味料を
合わせるか
ちゃんと
量って
作るぞ
豆板醤 24g
甜麺醤 20g
オイスターソース 30g
砂糖 4g
ニンニク 2g
生姜 2g
こしょう 2g
コショー
ピッ
オイスターソース
30gか
結構あるなあ
ドボドボ
で
こしょうが
2gと
パッパッ
パッパッ
パッパッ
パッパッパッ
パッパッパッ
パッパッ
こしょう2gって
こんな量あんの？

この合わせ調味料を炒めて香りを出したところに豚肉を入れて
ジュー
肉みそだ
中華スープを加えて温まったら片栗粉でとろみをつけて
片栗粉多いな（60g）
野菜と湯通しした豆腐を入れて完成！
香り付けにごま油を小さじ2…
なるほどなるほど
こんな鍋いっぱいの麻婆豆腐になるとは…
4人前だしな
②中華あん（4人分）を作る
要するに中華スープにとろみをつけて完成なんだけど
こしょうは思ってる3倍
心の中の大悟
また？.
こしょう1g使うの？？？

案の定
こしょう色の
あんかけが
できた
引くわ
ここまで
心の中の大悟
ていうか作ってて
思ったけど
塩も醤油も
使ってないから
塩分控えめだし
油も必要
最低限しか
使ってない
全然
減らせる
カロリーが
ない
③天津飯の卵を作る
卵4つ
かき混ぜるの
手が重っ
本当にこれ
一人で食って
いい量なのかな
卵を焼くときは
外から内側に
混ぜてゆっくり
火を通す
弱火でやると
いいね
全体に
ゆっくり火を
入れる

おお
よっ
ポン
ちょっと焼きすぎたかもだけどいい感じじゃない？
できた〜〜〜
中華あんと麻婆豆腐をかけてネギを添える
マジでてんまじゃん
イエ〜イ
あのスパイシーさはこしょう由来だったのか
オイスターソースが効いてるわ

ここからカロリーを落とすとなると
単純に卵かご飯の量を減らすしか
ないわけですが

卵が少ないと
あのふわふわ感を
作るのが難しい

卵そのままで
ご飯が少ないと

強すぎるし…
マーボーが

ものたりない…

絶妙に
計算された
大盛りメニュー
じゃん
イエ〜イ
すごいぞ
てんま
ただの大盛りメニュー
ではない「てんま」
これからも学生たちのおなかを
満たし続けてください

麻婆豆腐生活

タッパーに

学生さんは
何人かで集まって
作ると楽しいと思います

通称"てんま"
腹ペコ学生の
強い味方

大阪大学生協食堂伝統の

天津麻婆丼

大阪大学で愛され続ける伝統の味！一見ジャンクな大盛り料理ですが実はギリギリまで塩・油を切り詰めた優しいごはんでした こしょうとオイスターソースは躊躇せず入れてください！

①材料

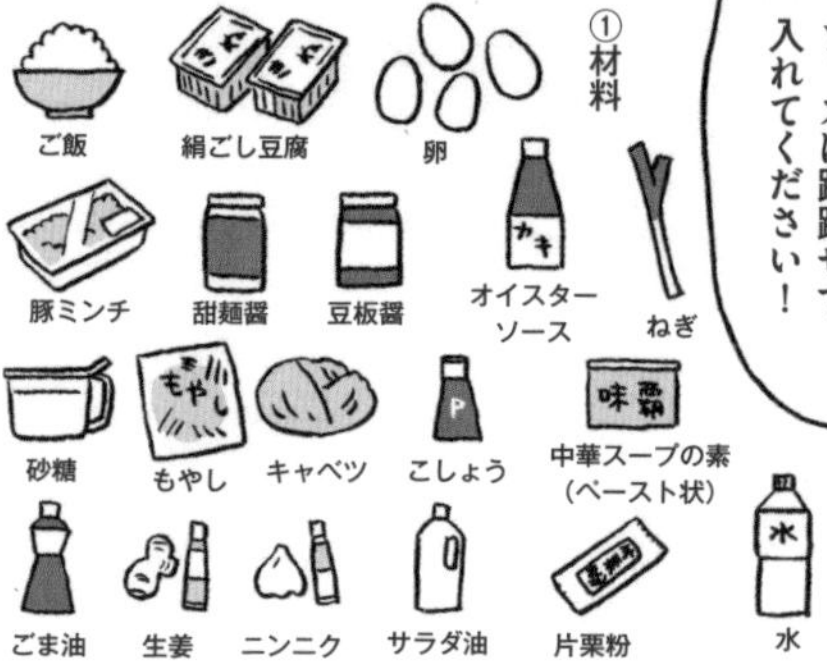

麻婆豆腐（4人分）

②豆板醤24ｇ　甜麺醤20ｇ　オイスターソース30ｇ　砂糖4ｇ　ニンニク2ｇ　生姜2ｇ　こしょう2ｇ　を合わせておく

③豆腐（2丁）はカットしてさっと湯通ししておく　もやしとキャベツ（40ｇずつ）を洗い　キャベツはひと口大にカットする

④鍋にサラダ油大さじ1を入れて火にかけ　温まったら②を加えて炒める

⑤香りがたったら豚ミンチ80ｇを入れる　火が通ったら中華スープの素10ｇを溶いた水６００ccを加え沸騰させる

⑥水溶き片栗粉（片栗粉60ｇ　水60cc）を加えとろみをつけ少し火を通してから豆腐　キャベツ　もやしを加えて軽く混ぜ合わせる

中華あん（4人分）

⑦鍋に水３５０ccと中華スープの素10ｇ　こしょう1ｇ　砂糖5ｇを入れて火にかける

⑧水溶き片栗粉（片栗粉15ｇ　水30cc）を少しずつ加え　とろみをつける

天津麻婆丼（1人分）

⑨フライパンにサラダ油大さじ2を入れて火にかける　温まったら割りほぐしておいた卵（4個）を一気に入れる

⑩卵液がほとんど流れなくなったら卵をひっくり返し少しだけ火を通しすばやくご飯（２５０ｇ）の上にのせる

中華あん70cc
麻婆豆腐１６０ccをかけ
刻んだねぎを盛って完成！

調味料や卵が焦げやすいので強火にしないようにしましょう

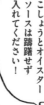

大阪大学　豊中キャンパス

OSAKA UNIVERSITY

大阪府豊中市

国立 | 全国大学生協連 | 加入

石橋門

大阪大学は、大阪の政財界ならびに大阪府市民の強い願望のもと、1931年に帝国大学の一つとして創立された。その精神的源流は江戸時代の懐徳堂と適塾に見出すことができる。「地域に生き世界に伸びる」をモットーに、2007年に大阪外国語大学との統合を経て、人文学・社会科学系、医歯薬系、理工情報系の充実した11学部・15研究科を有する我が国屈指の総合大学へと発展してきた。

豊中キャンパスの飲食店一覧

図書館下食堂（生協食堂）／カフェテリアかさね（生協食堂）
カフェカルチエ（生協食堂）／ミュージアムカフェ坂（生協食堂）　etc

COLUMN

「てんま」を自作するといくらかかる？

安くておなかいっぱいになれて限界までヘルシーなメニューだったことが判明した「てんま」。ところで自作すると（光熱費・水道代を含まずに）いくらかかったのか？

※それぞれ素材の値段の目安は再現当時のもの

●ごはん（250g）……… 約50円
●麻婆豆腐（4人前・豆板醤24g…約82円／甜麺醤20g…約54円／オイスターソース30g…約50円／砂糖4g…約1円／ニンニク（チューブ）2g…約4円／生姜（チューブ）2g… 約4円／こしょう2g… 約12円／豆腐2丁…約80円／もやし40g…約6円／キャベツ40g…約5円／サラダ油15g…約3円／豚ミンチ80g…約95円／中華スープの素10g…約18円／片栗粉60g…約37円／ごま油10g…約25円⇒合計約476円）……… 1人前 約119円
●中華あん（4人前・中華スープの素10g… 約15円／こしょう1g… 約6円／砂糖5g…約1円／片栗粉15g…約9円⇒合計約31円）……… 1人前 約8円
●天津卵（1人前・サラダ油30g…約6円／卵4個…約100円）……… 約106円

できるだけ安いものを選んで、仕上げに刻んだねぎ（5g・約9円）を盛って1人前約242円。

現在は卵を筆頭にいろいろと値上がりしているので、350円くらいかかるかもしれない。

一般的な飲食店の原価率が高くて30％ということを考えると、あらためて値段の面でも切り詰められたメニューということがわかる。

國學院大學 メモリアルレストラン

#12

Kokugakuin University

大学生協じゃない生協の
オール電化厨房に潜入！

國學院大學…
日本に2校しかない
神社神道系大学のひとつ
学校に神社が
神職養成と古典研究のための
教育機関として創立された
経緯がある
アハハ
やんごとなき
学生さんが
通う学食と
いうワケですか
学食研究会の本では
ビーフシチューが
あるとか
こんなの？
カレーが
都内で一番高い
とか書いてあり
ましたね
オ～

生協系の学食ということでしたけど1店舗だけ値段を高くするとかできるんすか？
どうなんでしょう
？
あ～大学生協さんとは全然関係ないんですよ
國學院大學生協
専務理事　手塚さん
「國學院の生協」があるんです
全国大学生活協同組合連合会
全国に組合員がいる
國學院大學生協
國學院の学生だけが組合員
そういうのがあるんだ
雅楽の楽器とか扱ってる…
へー
WEB
ここの1階の和（なごみ）さんは一般経営のお店ですけどメモリアルレストランは國學院生協の運営ですね
KOKUGAKUIN
CO-OP
「生協の学食」ではあるけどいわゆる「（大学）生協の学食」じゃないのか
ややこしいな

ビーフストロガノフ
550円
鳥重
530円
ビーフストロガノフ コクがあって 肉もキノコも たっぷりでうまい
「シチュー」じゃなかった
鳥重ってなんだと思ったら唐揚げに天丼みたいな甘いタレがかかってるのか
学生絶対好きな味ですね
これって いつから あるメニュー なんですか？

わたしはですね
8年前に就任
しましてその前の
ことはまったく
知らないんです
メモリアルレストラン
料理長　山下さん
もともと東京湾の
クルージングレストラン
「シンフォニー」でも
料理長をされてた
フレンチのプロなん
ですよ
へー
学食とはだいぶ
違う世界ですよね
お話を
いただいて
むしろ
まったく違うので
面白そうだなと
思いましたね
※イメージ
一番の違いは
なんでしょう?
それはもう
客単価ですね
生協単独では
売価設定を変えられ
ないんですよね
大学との
話し合いで
決めます
以前までは
高い原価で
税込500円が
最大の販売価格で
やってたんですよ
今は580円

てっきりやんごとなき学生さんが多いと思ってましたけど…
神道以外の学生たくさんいますから
そんなことないです
教員を目指す人などが多いそうです
値上げしましたけど学生さんには父母会からの補助で値上げ前より安く提供しています
100~150円を負担
若木育成会
そうなると原価を下げるためになにか工夫してたりするんですか？
現状では
原価は正直下げられませんよ
通常一般だったら25~30%の間ですけど
500円税込で50%かけてるんですよ
ex、
原価300円だったら
850~1000円がふつう
たとえばご飯だって業者さんが安いお米を頑張って値上げせず提供してくれてますけど
それが1kg 280円ですよ
1杯
20~30
円くらい？
もう限界

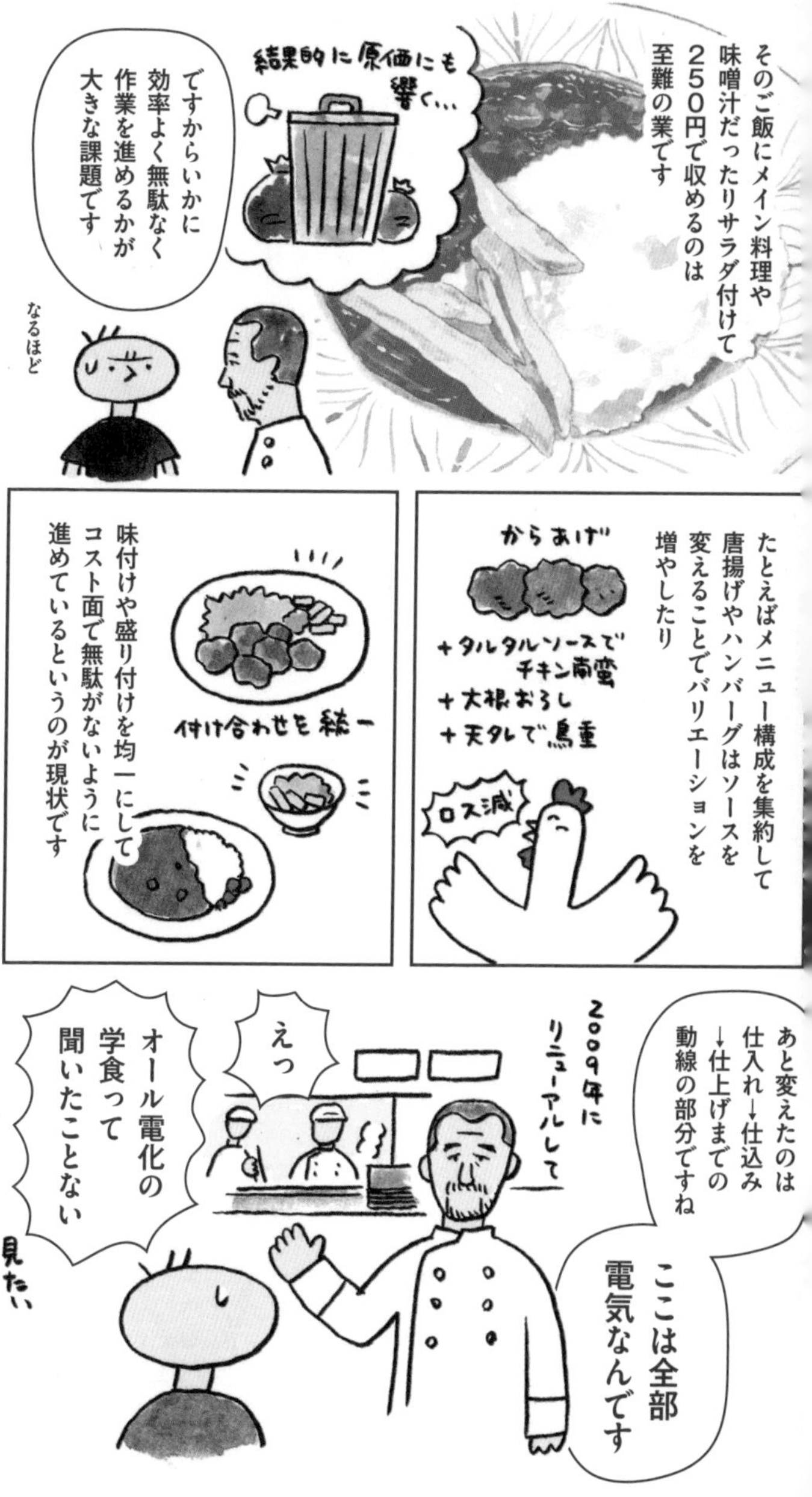
そのご飯にメイン料理や
味噌汁だったりサラダ付けて
250円で収めるのは
至難の業です
結果的に原価にも
響く…
ですからいかに
効率よく無駄なく
作業を進めるかが
大きな課題です
なるほど
たとえばメニュー構成を集約して
唐揚げやハンバーグはソースを
変えることでバリエーションを
増やしたり
からあげ
＋タルタルソースでチキン南蛮
＋大根おろし
＋天タレで鳥重
ロス減
味付けや盛り付けを均一にして
コスト面で無駄がないように
進めているというのが現状です
付け合わせを統一
あと変えたのは
仕入れ→仕込み
→仕上げまでの
動線の部分ですね
2009年に
リニューアルして
ここは全部
電気なんです
えっ
オール電化の
学食って
聞いたことない
見たい

厨房を見せてもらうことできますか？
いいですよ
学食の厨房入るのじつは初めてなんですよ
おじゃましますー
あ そうなんですか
こっち側から学食を見るのは新鮮だな～
ワー
ここの機材も全部IHだったりするんですよね
私も最初はとまどいました
料理によっては直火が使えないと非常に厳しいので電化厨房でどう工夫するかは悩みどころでした
どーするこれ
あ～チャーハンとか大変そう
べちゃー
おれなら失敗する

中華みたいなのは難しいですね
炎がないのでフライパンが使えないんですよ
フム
チャーハンはこれで作ります
なにこれ
ブレージングパンといって普通と遜色ないチャーハンが作れます
ごはんに卵を混ぜてから炒めるのがコツですね
フワフワパラパラだ〜
2升のご飯に50個卵を使います
そんなに一度に
大量の卵
野菜炒めなんかは鉄板グリルで作ります
ん
カシャー

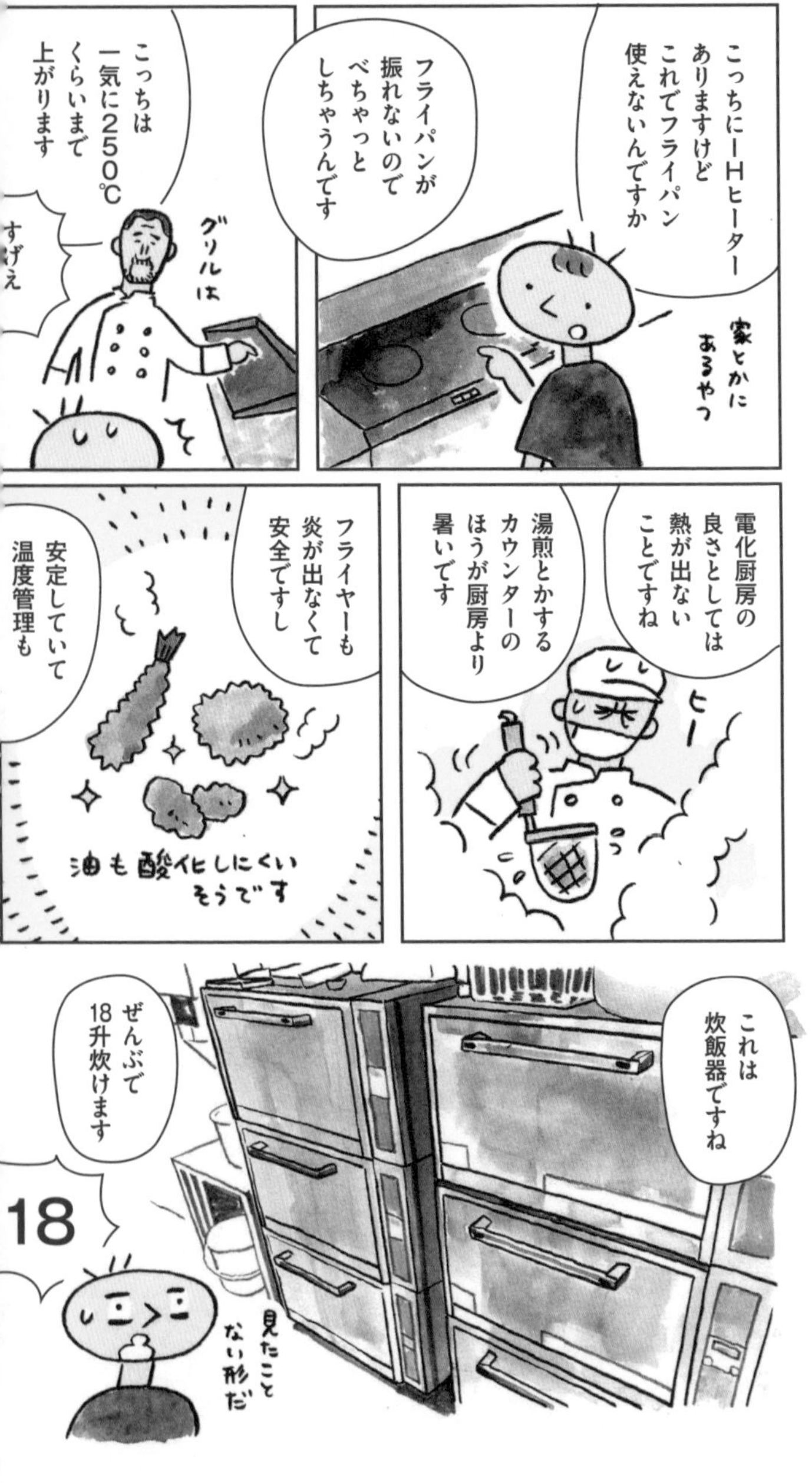
こっちにIHヒーターありますけどこれでフライパン使えないんですか
家とかにあるやつ
フライパンが振れないのでべちゃっとしちゃうんです
グリルは
こっちは一気に250℃くらいまで上がります
すげえ
電化厨房の良さとしては熱が出ないことですね
湯煎とかするカウンターのほうが厨房より暑いです
ヒー
フライヤーも炎が出なくて安全ですし
安定していて温度管理も
油も酸化しにくいそうです
これは炊飯器ですね
ぜんぶで18升炊けます
18
見たことない形だ

こんな感じで本当は6升×6の36升炊けるんですけど
それぞれにナベが入っている
それだと重みで下の方がダメになっちゃうので18升が上限です
ここのごはんがつぶれる
炊ければいいわけじゃないんですね
こうして改めて見るとやっぱり普通の厨房ではないんだな…
一般の食事とは違いますから
いっぺんに大量に来ますからクイックサービスも基本です
それでいうと廃棄のリスク面から麺類を冷凍麺に変えたんですけど
季節の蕎麦
（玉ねぎ丸ごと天ぷら）
冷凍麺にしたら麺類がかなりよく出るようになりました
意外ですね
生めんは数日で食べられなくなる
冷凍はかなりもつ

冷凍麺のグレードも上がってますし
生麺だとどうしても茹でるのに時間がかかるけど　冷凍麺は早く提供できるので
1min
1min
1min
冷
生
3min
…
あと心がけていることといえば野菜をできるだけ多く使おうということですかね
野菜たっぷりのタンメンとか長崎ちゃんぽんとかチキンカレーとか
カレーもルウを2種類ブレンドして私のレシピの香辛料や野菜ジュースで風味を足したり
Curry
Curry
唐揚げも3業者さんくらいから取り寄せて厨房スタッフで試食してバージョンアップして
これからの季節はカキフライをやろうとか考えてます
カキフライとクリームコロッケ
めっちゃいろいろしてる…
改めて聞くと冷凍だから手を抜いてるとかそんなことって全然ないな

限られた予算と設備のなかでブラッシュアップを重ねてきた味か…
しみじみしちゃうね
やっぱ「普通の食事」はすげーわ
改めてベーシックな食堂のベーシックな食事の裏側にある並々ならぬ工夫と偉大さを感じました
これは学生さん舌肥えてるんじゃないですか
それはわからないですが…
そういえば以前に早稲田とコラボで学食メニューバトルみたいなことをしてましたけど
早稲田
グリルチキンライス
國學院
VS
おむばーぐプレート
わたしもアドバイスしてそれは國學院が勝ってましたね
オーすげえ
がんばれ早稲田
やんごとなき大学の学生のいつもの食事ぜひ一度食べてみてください

●オール電化のアンチ
國學院の話を公開したとき
エゴサ
イ〜〜ヒッヒッヒ
電気代が上がって学費も上がるんじゃないですか〜
みたいなアンチ・オール電化の反応がめっちゃ来た
あ これ書くの忘れてた
聞いたのに
オール電化になっても光熱費はほぼ変わらないそうです
まあ単純にガスを使わない分差し引きしたら変わらんよな
ギャー
熱
火を使うと暑いじゃないですか
空調とか
客席も当然影響を受けるので恩恵はあると思います
冬のキッチンが寒くて最初は不思議でした
ふつう逆だから
!?
夏は特に快適とのこと
災害が起きたら使えなくないですか〜
イヒ〜
これもいっぱい来た
それはガスでも同じじゃない？
ていうか災害が起きたらガスの方が危ない気が…
ドカーン
GAS
GAS
がんばれオール電化キッチン！

國學院大學 和［NAGOMI］

Kokugakuin University

マジの讃岐うどんが東京の学食で食べられるワケ

國學院大學
メモリアルレストラン
1階にもお店があるんですよね
2F
洋食・中華
1F
うどん・和食
うどんが中心の和食のお店ですね
かなり本格的な讃岐うどんが食べられるそうです
なんで？
神道の学校だから
神道とうどんが何か関係あったりするんですか？
ここの理事長が香川県の出身なんですよ
佐柳さん
それで本場の讃岐うどんが食べられるようにということで
そんなんありか
國學院大學　和 [NAGOMI]
店長　坂入信輔さん

あ　でも香川に
お遍路さんとか
あるから
そういうのに
ちなんでって
ことかな
うどんが日本に広まったのは
弘法大師・空海が中国から
麺の製法を持ち帰って
広めたという言い伝えがある
空海
774-835年
うどんの伝来には諸説あり
真相は定かではないが
空海の出身地である
讃岐（香川）の人たちは
空海を親しみを込めて
「お大師さん」と呼び
うどんをこよなく
愛している
四国八十八カ所巡りは
空海が修行した八十八カ所の寺院を巡ること
巡礼する人を「お遍路さん」と呼ぶ
しかしお遍路は
お寺巡りをする行為であり
神道（神社）とは
無関係とのこと
えっ
寺は仏教
神社は神道
うどん
もしかしてマジで
「理事長が香川出身で
うどんが好き」の
一点突破で？？？
…

うちは元々たまプラーザのキャンパスで学食をしてたんです
それで2009年に渋谷校舎が改築されるとき理事長が
ここでも学食してほしいんですけど
ぜひ学生に本場の讃岐うどんを食べてもらいたい
うどんをやってくれませんか
ということで和食と本場讃岐うどんをやることになったんです
和食とかうどんの経験はあったんですか？
いや僕は洋食をしてたんですよ
えっ
正直どうしたらいいかわからなかったです
ですよね
ハハハ

それでまず理事長と
一緒に香川に行って
製麺所さんを紹介
してもらいまして
製麺
手打 うどん セルフ
うどんへの
熱意よ
理事長も
行ったん
かい
製麺所さんから
醤油屋さんを
紹介してもらって
醤油屋さんから
乾物屋さんを
紹介してもらって
それぞれ全部
香川から材料を
取り寄せています
醤油
各種乾物
麺も香川で
打った麺を送って
もらってます
麺も？
昆布だけ北海道産
とのこと

へ〜
そうなんだ
香川
東京
醤油
出汁
麺
平行移動
それはつまり
香川のうどんが
そのままここに
来てるってこと
じゃん
「本場の味」
というかもう
「本場」そのもの
なのでは???
うどん以外の
メニューも
かなり充実
してる〜
さば味噌煮定食
味噌カツ丼
元洋食屋さん
だけあって
和食がメインだけど
洋食もあるんですね
券売機
へー
ネギトロ丼
日替わり弁当
カツカレー

うどんの他だと何が人気ありますか
「かわり揚げ定食」はよく出ますね
油淋鶏風の唐揚げに春巻きが付いいててボリュームあって
そんで恐ろしく安いな…
学生はかけうどん140円て
若木育成会
学生は父母会の補助がありますからね
ウーム
※前話参照
いや〜食べるのがたのしみだな〜
ワハハ
ん？

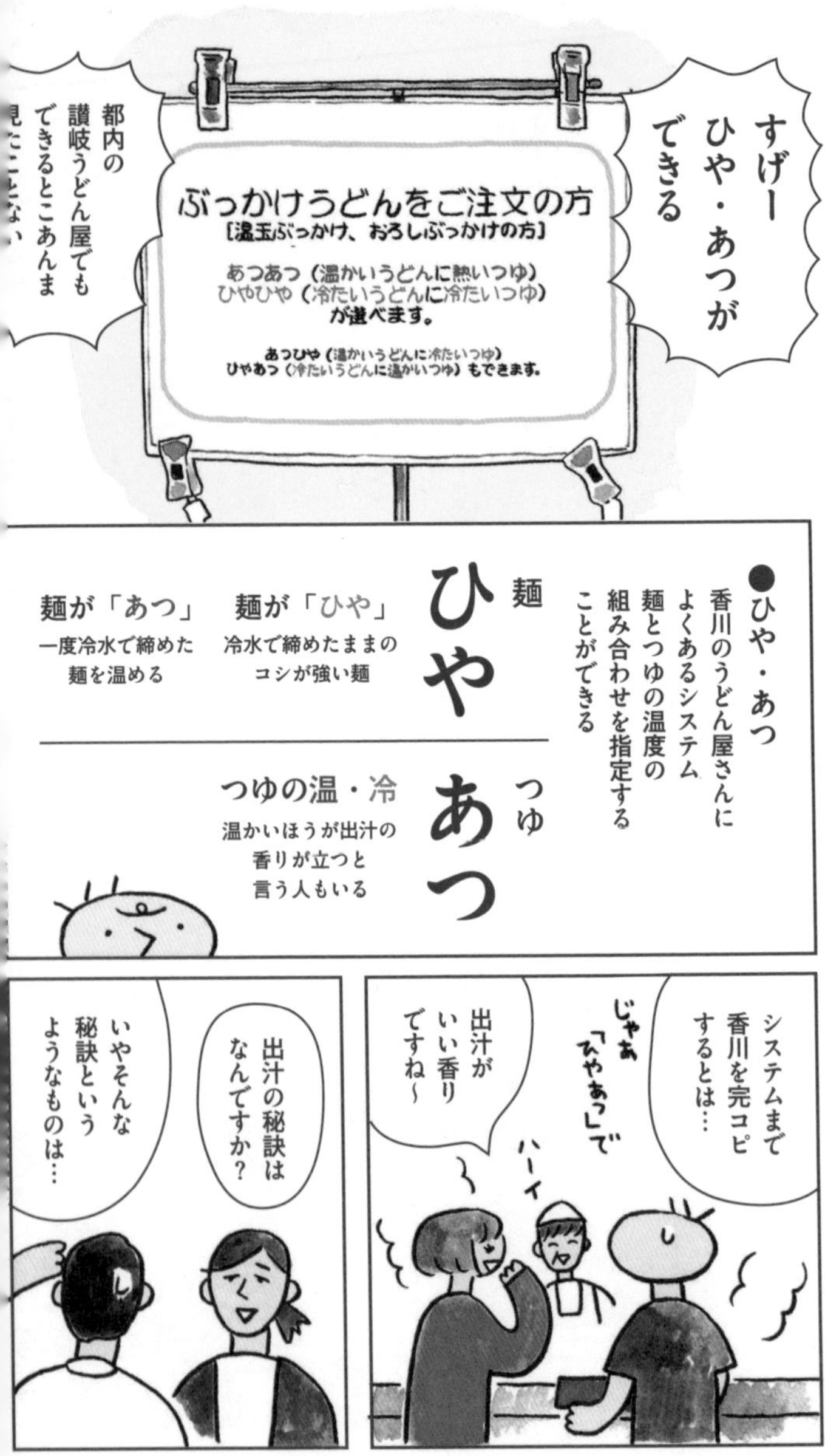
すげー
ひや・あつが
できる
ぶっかけうどんをご注文の方
[温玉ぶっかけ、おろしぶっかけの方]
あつあつ（温かいうどんに熱いつゆ）
ひやひや（冷たいうどんに冷たいつゆ）
が選べます。
あつひや（温かいうどんに冷たいつゆ）
ひやあつ（冷たいうどんに温かいつゆ）もできます。
都内の
讃岐うどん屋でも
できるとこあんま
●ひや・あつ
香川のうどん屋さんに
よくあるシステム
麺とつゆの温度の
組み合わせを指定する
ことができる
麺 ひや
つゆ あつ
麺が「ひや」
冷水で締めたままの
コシが強い麺
麺が「あつ」
一度冷水で締めた
麺を温める
つゆの温・冷
温かいほうが出汁の
香りが立つと
言う人もいる
システムまで
香川を完コピ
するとは…
じゃあ
「ひやあつ」で
ハーイ
出汁が
いい香り
ですね〜
出汁の秘訣は
なんですか？
いやそんな
秘訣という
ようなものは…

ふつうにカツオ節・メジカ節・ウルメ節・サバ節で出汁をとってブレンドしていりこと昆布の出汁に合わせて一晩寝かせて作ってますね
サバ
カツオ
ウルメ
メジカ（宗田節）
いりこ
昆布
すんごい手間かけてる
そういう作り方ってどれくらい研究とかしたんですか
ムム
2・3日とか…？
うーん
えー
向こうの方が「これでできるよ」って作り方を教えてくれたので
これをこう
へー
乾物屋さんが
レシピがあればもともとやってる料理の基本は変わりませんから
そういうもんですか
お好みでしょうがどうぞ
はいどうぞー
ハーイ

温玉ぶっかけの
「ひやあつ」
大盛りです〜
う…
美しい…

うまい…
出汁の旨みと香り歯を押し返すむっちりとしたコシのある麺
マジでマジの讃岐うどんだ…
もうこんだけ本場の要素がそろってると逆に香川行ったとき
学食のうどんと同じだ
ってなるんじゃないか
天ぷらも揚げたてでおいしい～
人気のトッピングはなんですか？
エビ
ナス
鳥天はやっぱり人気ですね
あと前は香川から取り寄せたゲソで作ったゲソ天があったんですよ
漁獲量が減ってて今はできないんですけど
ゲソをわざわざ

理事長はさぞかし
喜んでるでしょう
どうなんでしょう
特に何か言われた
ことはありませんけど
あ〜でも
たまに…
人が集まるときに
麺とか出汁とか
買って帰って
家で作ったり
してるみたいで
めっちゃ
気に入ってる
じゃないですか
よかった
ですね
それにしても
こんなにいろいろと
コストがかかること
よくできるな
出汁とか
普通のお店では
やらない
ですよね
えー
他の業者さんには
よくやってんねって
言われました

でもやっぱり香川の食材と作り方で作ったものが一番おいしかったので変えられないですよね
いちおういろんな食材や作り方も試したんですけど
やってるうちに香川のうどんの魅力に取り憑かれてしまったということか…
あ
学食バトルはこちらも参加したんですか？
しましたよ
※前話参照
早稲田は「ローストビーフうどん」で…
ジャーン
早稲田カラー「えんじ色」をイメージ
國學院が「ゆず豆乳うどん」で國學院が勝ちました
めっちゃ本場にこだわってたのにそういうの作るのありなんすか
和を感じるゆずと生姜の絶妙な味わい!!
なんでも作りますよ
本場の讃岐うどんが食べたかったら香川か國學院に行きましょう
國
早
ウオー
がんばれ早稲田

●学食バイアス
あなたは心の中のどこかで
学生食堂は安いから味はあんまりだよな
と思っていませんか
「和 NAGOMI」は本編でも描いたように現地直送の素材を使っていて
それぞれ全部香川から材料を取り寄せています
醤油
麺も？
打った麺を送ってもらってます
後日香川県に行く機会があったときにうどんを食べて改めて
父の実家が香川なので
うーむ
まじで「和」と同じ
いや「和」がここと同じなのか
などと思ったものですが
レビューサイトを見たら「全然讃岐うどんじゃない」「値段相応」など好き放題書かれていた
値段だけ見たら香川のほうが安いところもあると思うけど
なんか今見たら消えてる
またわたしの友人がある学校の教職員用食堂で食事をする機会があり
教職員用のメシめっちゃうまかった
それに比べて学生用は酷かったよな
などと文句を言っていたのですがそこでお話を伺ったところ
同じものを提供してますね
調理場
カウンター
教職員用スペース
カウンター
通路
学生用スペース
こうなってるので
ですよね
このように「学食バイアス」は確実に存在するのです

國學院大學　渋谷キャンパス

Kokugakuin University

東京都渋谷区

私立　全国大学生協連　非加入

渋谷キャンパス

大学ロゴマーク

もっと日本を。もっと世界へ。

國學院大學

1882年に設立された、有栖川宮幟仁親王を総裁とする皇典講究所が母体。その後、皇典講究所の教育機関として「國學院」が1890年に整備され現在に至る。今も全国の神職には國學院の卒業生が多い。

渋谷キャンパスの飲食店一覧	メモリアルレストラン（國學院大學生協食堂）／和［NAGOMI］（食堂） カフェラウンジ若木が丘（カフェ・パン）

COLUMN

國學院大學生協　Kokugakuin University Co-op

國學院大學の学生・教職員による協同組合。主な活動はいわゆる大学生協と同じように食堂の運営・教科書やノートなど文具の販売だが、國學院大學には神道文化学部があることから雅楽器や雅楽の楽譜・CD などが販売されている。雅楽を習得するサークルもあり、十五夜の満月を鑑賞する「中秋観月」に由来して斎行される「観月祭」という行事では、各神道系サークルによる演奏が披露される。そんな國學院大學の学生たちにとって欠かせない存在である。

こくぴょん　Kokupyon

國學院大學のオリジナルマスコット。古事記「因幡の白兎」に登場する白いウサギがモチーフで、耳には榊を飾り、首から勾玉をかけている。國學院大學生協でオリジナルグッズ（ぬいぐるみ）が販売されている。

●タイトルどうしよう会議
タイトルどうしましょうかね
うーん
学生食堂研究会とかどうすか
増田さん
それはもうあるんです
早稲田大学に
あるんかい
う〜んすぐには思いつかないな…
まあおいおい考えておきましょう
それから特に良いタイトル案が出ないまま月日が経ち
もうそろそろタイトルがないとまずいです
ですよね
タイトルどうしよう会議しましょう
しかし当然長いこと考えて出ないものがすぐに出るわけはなかった
※イメージ
ZOOM会議
字面とかも大事だと思うんで…
特に考えずチャットでポンポン出してみますか
PC
わかりました
ポン

こういうことですよね
保科
愛♡学食
ワハハ いいですね
PC
ポン
辻
やすウマ！学食探訪紀
学食クエスト
Mori Mori 学生食堂
テレビ番組みたい
こういう方向性もね
・学食からの手紙
・学食フリースタイル 700
・学生食堂おじさん
・学生食堂で考え中
・学食行こうぜ！
・学食はしご日記
・学食すごいぜ！
・学生食堂の話をしよう
・学食のスゝメ
保科
増田さんのそれ何ですか
辻
増田
目に入った本とかCDのタイトルと混ぜてます
ポン
ポン
ポン
ポン
ポン
ポン
案とも言えない案を出しているうちにもはや意味もコンセプトも消え始めたそのとき
ポン
辻
学食さんぽ　三羽がらす
ださい
いくらなんでもこれはやばくないですか
なんかちょっと「考えた感」ありませんか？
考えてないもん
ひどい
結局いろいろ出た中からルイ・アームストロングの名曲「What a Wonderful World」と合体させた現在のタイトルになりましたが
三羽がらすの衝撃はいまだに忘れられません

●学生食堂に思うこと
学生食堂のマンガを描き始める前
なんか学食の思い出とかない?
こんなことを周囲によく聞いていたのですが
ない
自分の周りはこんなんばっかりでした
あまつさえ文句だけはスラスラ出てくる始末
教員用はうまい
しかも思い込みだったりする
運営など関わる人も含む
しかし改めて足を運び食堂の人たちのお話を聞いてみると
自分でやってたり
どうにかして値段を安くしようとしたり
そういえば先代のイイオさんもいつも残って掃除してた
ほんの少しでも野菜を多く摂れるよう工夫したり
付け合わせを統一
付けや盛り付けを均一にして
子たちばっかり
おなかいっぱい食べたい学生には食べさせ
も食べられる
いろんな子がいますよ学生は
ひとりでも不都合があればなんとかする
行けるお店がない」という声がありまして
そんなにムスリムの人いるんですか?
おいしそ…

特別なメニューもあれば
すげー
絵みたいなステーキ
食事以外の形で関わることもある
学生のことを考えてない人などひとりもいないのでした
圧が強いラーメン屋さんみたいなことはない
帰れ
ヒー
しかし決してそれを押し付けるようなことはなく見返りも求めずどんな学生でも拒絶しない
いつでも準備を整えて待ち何を言われても料理を作り去っていくのを黙って見送り続ける
もえる
まあそれが仕事だろとか言われたらそうかもだけど
誰にでもされて当たり前のことじゃないって
?
学生の食に携わるとはどういうことなのか
うーん
愛だな…
というようなことを思った次第です

増田 薫（ますだ・かおる）

1988年神奈川生まれ。
8人組ソウルバンド・思い出野郎Aチームのサックス担当。
マンガ、イラスト、デザイン、
児童向け絵画教室など多方面で活動。

JAFMate Books

学生食堂ワンダフルワールド

2024年2月 第1版第1刷発行

著者	増田 薫
発行人	日野眞吾
発行所	株式会社JAFメディアワークス 〒105-0012 東京都港区芝大門1-9-9 野村不動産芝大門ビル10階 電話 03-5470-1711（営業） https://www.jafmw.co.jp/
デザイン	増田 薫
表紙撮影	増田 薫
撮影協力	山食（慶應義塾大学）
印刷・製本	共同印刷株式会社

Printed in Japan
ISBN 978-4-7886-2399-6